SUSANNE REISCHKE

Unterrichtseinstiege Französisch

Die Autorin:
Susanne Reischke ist Lehrerin für Französisch und Geographie am Clara-Fey-Gymnasium in Bonn-Bad Godesberg und hat eine Ausbildung mit bilingualer Profilbildung. Sie ist Autorin für verschiedene Französisch-Lehrwerke.

Projektleitung: Dorothee Weylandt, Berlin
Redaktion: Anja Sieber, Hamburg
Korrektorat Französisch: Sara D. Claudel, Paris
Umschlagkonzept: Jule Kienecker, Berlin
Gesamtgestaltung: LemmeDESIGN, Berlin
Layout: LemmeDESIGN, Berlin
Technische Umsetzung: Jouve Germany GmbH & Co KG, München

www.cornelsen.de

1. Auflage 2017

Druck: AZ Druck und Datentechnik GmbH, Kempten

ISBN 978-3-589-15317-6

PEFC zertifiziert
Dieses Produkt stammt aus nachhaltig bewirtschafteten Wäldern und kontrollierten Quellen.
www.pefc.de

Wortschatz

Grammatik

Landeskunde

Vorwort

Der Unterrichtseinstieg ist nicht nur die didaktisch eigenständige erste Phase des Unterrichts, sondern er verlangt von den Schülern ein abruptes Umschalten – sei es vom außerunterrichtlichen Leben auf den Unterricht oder von einem Lerngegenstand auf einen anderen. Im Fach Französisch fordert er zudem immer auch ein Umstellen von der Muttersprache auf die Fremdsprache. Somit stellt sich Ihnen wie auch jedem anderen Französischlehrer Stunde für Stunde die Frage nach dem geeigneten Unterrichtseinstieg. Im bestmöglichen Fall ist er abwechslungsreich, motivierend, zielführend und nimmt auch noch wenig Vorbereitungszeit in Anspruch. Seine Hauptfunktion besteht darin, die Aufmerksamkeit und das Interesse der Schüler zu wecken sowie Vorwissen zu aktivieren.

Wie Sie im Unterrichtsalltag Ihre Einstiege abwechslungsreich gestalten und dabei Ihre Schüler motivieren können, soll Ihnen dieser Band vermitteln. Er enthält neben Unterrichtseinstiegen zur Eröffnung einer neuen thematischen Einheit ebenso Übungen zum stofflichen Aufwärmen. Es handelt sich hier in der Regel um schülerzentrierte bzw. schüleraktivierende Einstiegsmethoden. Diese sind unterteilt nach den funktionalen kommunikativen Kompetenzen Hören, Sprechen, Lesen und Schreiben sowie den weiteren Bereichen Wortschatz, Grammatik und Landeskunde. Der Schwerpunkt liegt jedoch auf der Kompetenz „Sprechen", da diese in der Unterrichtsstunde häufig zu kurz kommt. Zudem gewinnen mündliche Klassenarbeiten und Prüfungen immer mehr an Bedeutung.

Nicht jeder Unterrichtseinstieg ist auf jede Lerngruppe übertragbar. Warum ein Einstieg in manchen Klassen funktioniert und in anderen nicht – oder unter Umständen deutlich länger dauert – kann von vielen Faktoren abhängig sein. Generell sollte man den vorbereiteten Unterrichtseinstieg weder erzwingen noch unnötig in die Länge ziehen, um das Stundenziel nicht aus den Augen zu verlieren. Auch wenn man nicht erwarten kann, alle Schüler einer Klasse motivieren sowie sämtliche Vorkenntnisse ermitteln und aktivieren zu können, so ist es gerade im Französischunterricht aufgrund seiner Vielschichtigkeit und häufig wechselnder Inhalte nicht sinnvoll, immer gleiche oder ähnliche Einstiegsformen zu wählen. Dieser Band bietet Ihnen daher eine breite Auswahl verschiedener und abwechslungsreicher Unterrichtseinstiege, um Ihre Schüler gleich zu Beginn der Stunde zu motivieren und dadurch das weitere Unterrichtsgeschehen zu begünstigen.

Susanne Reischke

PS: Aus Gründen der besseren Lesbarkeit wird in diesem Buch weitgehend die männliche grammatische Form verwendet. Natürlich sind damit auch immer Frauen und Mädchen gemeint, also Lehrerinnen und Schülerinnen.

Vrai ou faux ?

Lernjahr	ab 1
Thema	*vrai-faux*-Fragen mithilfe von Karten beantworten
Vorbereitung	rote und grüne Karte für jeden Schüler, *vrai-faux*-Aussagen
Besonderer Nutzen	alle Schüler aktivieren, globales bis detailliertes Hörverstehen schulen, schnell und einfach Schülerrückmeldung erhalten

Möglicher Ablauf

- Formulieren Sie zu einem Thema oder (Hör-)Text ca. 5 – 10 *vrai-faux*-Fragen bzw. -Aussagen.
- Verteilen Sie an jeden Schüler eine rote und eine grüne Karte.
- Stellen Sie den Schülern Ihre erste *vrai-faux*-Aussage vor.
- Die Schüler sollen nun so schnell wie möglich mithilfe ihrer Karten antworten. Halten sie die grüne Karte hoch, denken sie, die Aussage ist richtig. Halten sie die rote Karte hoch, sind sie der Meinung, die Aussage ist falsch. In diesem Fall können Sie einen Schüler drannehmen, der die falsche Aussage entsprechend korrigiert.

Tipps	▪ Nicht nur Sie, sondern auch die Schüler selbst erhalten eine Rückmeldung darüber, ob sie das Thema/den (Hör-) Text bereits ausreichend beherrschen. Haben z. B. viele Schüler die Fragen falsch beantwortet, sind weitere Erklärungen, Übungen oder Fördermaßnahmen erforderlich. ▪ Es macht den Schülern Spaß, *vrai-vaux*-Fragen bzw. -Aussagen selbst zu formulieren (z. B. als Hausaufgabe) und zu Beginn der Stunde ihren Mitschülern zu präsentieren. ▪ Die Schüler können sich die Karten auch selbst anfertigen. Sie sind somit stets einsatzbereit und müssen nicht jedes Mal neu ausgeteilt werden. ▪ Die Karten können ebenso für Abstimmungen dienlich sein (grün = *Je suis d´accord;* rot = *Je ne suis pas d´accord*), z. B. im Vorfeld von Diskussionen/Debatten.
Varianten	▪ Sie verändern in einem aktuellen Lehrbuchtext o. Ä. Einzelheiten zum Falschen hin. Diesen Text lesen Sie der Klasse laut vor. Sobald die Schüler glauben, eine falsche Information erkannt zu haben, halten sie die rote Karte hoch. Wieder soll ein Schüler die falsche Aussage korrigieren.

Bingo

Lernjahr	ab 1
Thema	einen Text hören und neue Lexeme wiedererkennen
Vorbereitung	Hörtext
Besonderer Nutzen	selektives Hören schulen, Konzentration fördern, neuen Wortschatz einführen

Möglicher Ablauf

- Nach der Semantisierung eines neuen Wortschatzes (z. B. bei der Lektionseinführung) zeichnet sich jeder Schüler ein Bingo-Raster mit 3 x 3-Feldern ins Heft. In diese Felder notiert er je ein neues Lexem (von der Tafel oder Folie).
- Anschließend präsentieren Sie den Hörtext auf CD (oder lesen ihn laut vor).
- Sobald eines der neuen Lexeme genannt wird, dürfen alle Schüler, die dieses in ihrem Raster notiert haben, durchstreichen.
- Wenn ein Schüler in seinem Raster 3 Kästchen in der Senkrechten, in der Waagerechten oder in der Diagonalen ausgestrichen hat, ruft er laut « *Quine!* ». Der Hörtext wird gestoppt und der Schüler nennt zur Überprüfung noch einmal die durchgestrichenen Lexeme.
- Der Hörtext wird weiter präsentiert bis der erste Schüler alle 9 Felder ausgestrichen hat.

Varianten

- Der Einstieg eignet sich ebenfalls zur Wiederholung und Festigung thematischen oder landeskundlichen Wortschatzes. Hier notieren sich die Schüler 9 Lexeme zu einem Thema/Oberbegriff in ihr Raster. Die Vorstellung der Lexeme kann durch Kontextualisierung, eine Definition, ein Beispiel oder durch eine einfache Vokabelabfrage realisiert werden.
- Bingo ist auch für die Wiederholung und Festigung von Zahlen sowie bestimmter Grammatikthemen einsetzbar, wie z. B. Possessivbegleiter oder Objektpronomen. Für Letzteres könnten entsprechende Lücken-Sätze auf Kärtchen oder Folie präsentiert werden. Ein Schüler liest den Satz vor, setzt den fehlenden Possessivbegleiter ein und alle Schüler, die diesen in ihrem Raster zuvor notiert haben, streichen ihn durch.

Material

une remorque	se moquer de quelqu'un	un lac
le surf	basque	une côte
se disputer	un écomusée	de toute facon

Lösung

une remorque	se moquer de qn	~~un lac~~
le surf	~~basque~~	~~une côte~~
~~se disputer~~	un écomusée	de toute facon

→ *« Quine ! »*

Qui a dit quoi ?

Lernjahr	ab 1
Thema	Aussagen Personen zuordnen
Vorbereitung	Hörtext, Aussagen von Personen auf Folienschnipseln
Besonderer Nutzen	globales bis detailliertes Hörverstehen schulen

Möglicher Ablauf

- Sie präsentieren einen Hörtext, in dem verschiedene Personen zu Wort kommen.
- Nach dem Hören stellen Sie den Schülern nacheinander Aussagen der Personen in Form von Folienschnipseln vor.
- Ein Schüler liest die jeweilige Aussage laut vor und ordnet Sie richtig einer der Personen zu.

Tipps	▪ Die Personen sollten den Schülern bekannt sein. ▪ Zur Unterstützung können Fotos/Bilder der Personen mit Magneten an der Tafel befestigt oder zuvor über den OHP auf Folie präsentiert werden. ▪ Der Einstieg ist nur sinnvoll bei Hörtexten, die Dialoge enthalten.
Varianten	▪ Eine einfache Form des Einstiegs (ohne Vorbereitung) wäre, dass die Schüler mit eigenen Worten wiedergeben, was die einzelnen Personen gesagt haben. ▪ Sie lesen einzelne Personenaussagen vor (ohne, dass diese den Schülern auf Folie präsentiert werden) und die Schüler ordnen zu. ▪ Statt Folienschnipsel verteilen Sie Textschnipsel an einzelne Schüler. Die Schüler lesen die Aussage laut vor und ordnen sie entweder selbst einer Person zu oder ein Mitschüler übernimmt dies. ▪ Sie verteilen entweder vor oder nach dem Hören eine Kopie mit den verschiedenen Aussagen an die Schüler, welche während des Hörens oder im Anschluss die Aussagen den Personen entsprechend zuordnen. Hier ist der Vorteil, dass alle Schüler aktiviert werden.

La charade

Lernjahr	ab 3
Thema	Silben zusammensetzen und Thema nennen
Vorbereitung	Erklärungen für die einzelnen Silben des Themas
Besonderer Nutzen	Hörverstehen fördern, Erwartungshaltung aufbauen

Möglicher Ablauf

- Zerlegen Sie vorab das Thema der Stunde in einzelne Silben.
- Jede einzelne Silbe müssen Sie den Schülern so erklären, dass sie diese erraten können.
- Durch das Zusammensetzen der Silben sind die Schüler schließlich in der Lage, das Thema der Stunde zu nennen.

Tipps

- Die Einstiegsmethode ist eher für längere Thementitel geeignet.
- Der Einstieg eignet sich auch zur Wiederholung und Festigung von Wortschatz.
- Die Schüler können selbst Scharaden erstellen, welche sie zu Beginn der Stunde ihren Mitschülern präsentieren.

Beispiel

Fran – co – pho – nie

- *Ma première syllabe est le nom de l´ancienne monnaie de la France sans la dernière lettre. → **fran**c*
- *Ma deuxième syllabe est un animal : le mari d´une poule, mais sans la dernière lettre. → **co**q*
- *Ma troisième syllabe est un autre mot pour « aversion », mais sans la dernière syllabe. → **pho**bie*
- *Ma quatrième syllabe est un verbe à la première personne singulier. C´est un autre mot pour « refuser ». → je **nie***

Il était une fois

Lernjahr	ab 1
Thema	eine Geschichte erzählen
Vorbereitung	–
Besonderer Nutzen	alle Schüler aktivieren, Konzentration fördern, Vorwissen aktivieren

Möglicher Ablauf

- Ein Schüler beginnt mit der bekannten einleitenden Formulierung « *Il était une fois …* » und vervollständigt den Satz je nach Thema. Dies kann ein gelesener Text, ein Hördokument, ein Bildimpuls, ein Filmausschnitt oder aber auch der neue Wortschatz einer Lektion sein. Handelt es sich bei dem vorgegebenen Thema beispielsweise um die Stadt Paris, könnte der erste Satz lauten: « *Il était une fois une ville qui s´appellait Paris* ».
- Der nächste Schüler wiederholt den ersten Satz und fügt einen passenden zweiten Satz hinzu, z. B.: « *Il était une fois une ville qui s´appellait Paris. Paris est la capitale de la France.* » Von jedem folgenden Schüler müssen alle geäußerten Sätze in der richtigen Reihenfolge wiederholt und um einen neuen Satz ergänzt werden (gemäß dem Spiel „Ich packe meinen Koffer").
- Kann ein Schüler einen Satz nicht korrekt wiedergeben, scheidet er aus.

Tipps	▪ Wird die Methode in kleinen Gruppen durchgeführt, kommt jeder Schüler häufiger an die Reihe und die individuelle Sprechzeit wird dadurch erhöht. ▪ Anstatt die Schüler bei einem Fehler ausscheiden zu lassen, ist es ratsam, Minuspunkte zu verteilen. Auf diese Weise können mögliche Störungen durch ausgeschiedene Schüler vermieden werden.
Varianten	▪ Sie können den Schülern auch Begriffe vorgeben, die sie in ihrer Geschichte verwenden sollen, z. B. auf kleinen Kärtchen. Jeder Schüler zieht eine Karte und muss den Begriff passend in seinen Satz einbauen. ▪ Sie können die Begriffe ebenso für alle sichtbar machen (z. B. auf Folie oder an der Tafel) und die Schüler wählen selbst einen Begriff aus, den sie verwenden möchten. Diese Variante eignet sich ebenfalls als inhaltliche Wiederholung am Ende einer Unterrichtssequenz.

Décrire une image

Lernjahr	ab 1
Thema	ein Bild beschreiben
Vorbereitung	Kopien von Bildern, Papier und Stifte
Besonderer Nutzen	alle Schüler aktivieren, Sprechhemmungen abbauen, individuelle Sprechzeit erhöhen, Hörverstehen schulen

Möglicher Ablauf

- Die Schüler arbeiten zu zweit.
- Sie verteilen verdeckt an jeweils einen der beiden Schüler ein Bild. Dieser Schüler muss das Bild nun möglichst genau seinem Partner beschreiben.
- Der Partner versucht, mithilfe der Beschreibung das Bild zu zeichnen bzw. grob zu skizzieren. Bei Unklarheiten kann er Fragen stellen (auf Französisch!).
- Anschließend vergleichen die beiden Schüler die Zeichnung mit dem Original.
- Nun tauschen sie die Rollen, d. h. der Schüler, der zuvor gezeichnet hat, holt sich ein neues Bild, welches er seinem Partner beschreibt.

Tipps

- Fertigen Sie die Anzahl der Kopien am besten in 1,5-facher Ausfertigung an.
- Die Bilder sollten an den Lernstand der Gruppe angepasst sein.
- Der Wortschatz zur Bildbeschreibung (auch Präpositionen sowie präpositionale Ausdrücke) und der behandelte thematische Wortschatz sollten den Schülern bekannt sein und werden durch den Einstieg wiederholt und gefestigt.
- Für diesen Einstieg eignen sich z. B. Karikaturen, Fotos oder Zeichnungen von Personen, Häusern, Wohnungen, Zimmern, Wetterkarten etc.

Le monologue minute

Lernjahr	ab 2
Thema	freies Sprechen auf Zeit
Vorbereitung	Papier und Stifte
Besonderer Nutzen	mithilfe von Notizen einen Sachverhalt in einer Minute mündlich darstellen, Vorwissen aktivieren, individuelle Sprechzeit der Schüler erhöhen

Möglicher Ablauf

- Wählen Sie für das Stundenthema einen Oberbegriff oder eine (provokante) Frage, wie z. B. « *Ma vie sans portable/Internet* » *oder* « *Faut-il supprimer les notes à l'école ?* »
- Die Schüler bereiten innerhalb einer Vorbereitungszeit von 5 Minuten ihren Kurzvortrag stichpunktartig vor. Dieser sollte in etwa 1 Minute dauern.
- Anschließend tragen einzelne Schüler ihren Kurzvortrag vor dem Plenum vor.

Tipps	▪ Den Schülern sollten Kriterien für einen guten Vortrag bekannt sein (siehe unten). ▪ Die Stichwortzettel können auch in einer vorbereitenden Hausaufgabe angefertigt werden. ▪ Es sollen keine fertigen Texte erstellt werden, da die Schüler diese i. d. R. einfach ablesen. ▪ Damit die Schüler ihren Kurzvortrag üben können, kann eine kurze „Murmelphase" eingebaut werden. ▪ Der regelmäßige Einsatz dieser Methode fördert das freie Sprechen sowie die automatische Nutzung von Vortragstechniken und baut Sprechhemmungen ab.
Varianten	▪ Sie können auch mehrere verschiedene Begriffe zu einem Thema vorgeben, z. B. auf kleinen Kärtchen. Jeder Schüler zieht eine Begriffskarte und erarbeitet dazu einen Vortrag. ▪ Die Schüler können auch mehrere der vorgegebenen Begriffe in ihrem Vortrag verwenden. Dabei kann jeder Schüler eine bestimmte Anzahl an Begriffen ziehen. ▪ Sie können die Begriffe ebenso für alle sichtbar machen (z. B. auf Folie oder an der Tafel) und die Schüler wählen die Begriffe selbst aus, die sie verwenden möchten. Diese Variante eignet sich ebenfalls als inhaltliche Wiederholung am Ende einer Unterrichtssequenz. ▪ Die Kurzvorträge können auch (zunächst) in der Kleingruppe präsentiert werden. Der Vorteil liegt darin, dass jeder Schüler seinen Vortrag präsentieren muss. Durch das Präsentieren im geschützten Raum können Sprechhemmungen abgebaut werden. Es wird jedoch mehr Zeit benötigt. Eine Fehlerkorrektur erfolgt in erster Linie durch die Mitschüler.

Material

Le monologue minute : structure et support linguistique

Préparation

- Rassemblez des idées et des exemples et prenez des notes.
- Structurez vos arguments.

L´introduction : Indiquez le sujet que vous allez présenter.

- *Mon sujet est …*
- *Le sujet de ma présentation est …*
- *Aujourd´hui, je vais vous parler …*

La partie centrale : Expliquez votre point de vue et classez vos arguments.

- *D´abord, je voudrais … → Puis, …*
- *Premièrement, … → Deuxièmement, … etc.*
- *Le premier/deuxième/troisième/dernier point/argument est …*
- *Un autre aspect/point/argument important est …*
- *De plus/en outre, …*
- *Il faut ajouter que …*
- *D´une part, … → d´autre part, …*
- *D´un côté, … → de l´autre, …*

La conclusion : Résumez les idées principales et donnez votre point de vue.

- *Pour terminer/résumer/conclure, je voudrais dire que… / on peut dire que …*
- *Moi personnellement, je trouve/pense/crois que …/ je suis d´avis que…*
- *Merci de votre attention. Avez-vous des questions ?*

N´oubliez pas de

- parler de façon claire et pas trop rapide.
- regarder la classe.
- respecter le temps donné.

La place du marché

Lernjahr	ab 2
Thema	wechselseitiger Austausch
Vorbereitung	Papier und Stifte
Besonderer Nutzen	alle Schüler aktivieren, Informationen/Ergebnisse/Ideen/ Gedanken austauschen, Sprechhemmungen abbauen

Möglicher Ablauf

- Sie präsentieren das Thema der Stunde oder stellen eine Frage oder Aufgabe.
- Die Schüler notieren stichpunktartig ihre Ideen/Gedanken.
- Auf ein zuvor vereinbartes Signal stehen die Schüler auf, suchen sich einen Partner und stellen sich ihre Ergebnisse wechselseitig vor.
- Nach dem nächsten Signal erfolgen Partnerwechsel und erneuter Austausch.

Tipps	▪ Für den Partnerwechsel ist es sinnvoll, mit den Schülern vorab ein akustisches Signal (z. B. Glöckchen, in die Hände klatschen) zu vereinbaren. ▪ Bitten Sie die Schüler, leise im Raum zu sprechen. ▪ Die Schüler dürfen sich ihre Ergebnisse nicht zeigen, sondern müssen diese verbal in der Fremdsprache kommunizieren. ▪ Bei ungeübten Lerngruppen ist für die Kommunikation untereinander ein *support linguistique* zu empfehlen. ▪ Für die mündliche Fehlerkorrektur ist es sinnvoll, dass Sie sich unter die Schüler mischen, zuhören, ggf. vorsichtig intervenieren, sich Notizen machen, in der Regel jedoch erst nach Beendigung des Austauschs wichtige Aspekte im Plenum thematisieren.
Varianten	▪ Ein Partnerwechsel kann je nach Aufgabe mehrfach wiederholt werden. ▪ Die Schüler können sich mithilfe der Einstiegsmethode auch über ihre Ergebnisse der Hausaufgaben austauschen. ▪ Alternativ können stichwortartige Fragekarten an die Hälfte der Schüler verteilt werden. Die Schüler suchen sich einen Partner ohne Karte und stellen ihm die entsprechenden Fragen. Anschließend wird die Karte dem Gesprächspartner übergeben und es erfolgt ein Partnerwechsel. Auf diese Weise werden wiederholt die Rollen getauscht.

Material

La place du marché : support linguistique

Entrez en contact.

- *Bonjour/Salut, ça va ?*
- *Tu as déjà un partenaire (pour travailler) ?*
- *Tu veux échanger tes idées avec moi ?*

Comparez vos idées.

- *Tu veux commencer ?*
- *Moi, je pense/trouve que…*
- *J´ai la même idée/les mêmes points de vue que toi.*
- *Mes idées/mon opinion est totalement différente(s).*

Entretenez la conversation.

- *Ah bon/oui/d´accord.*
- *C´est intéressant.*
- *C´est vrai/juste/correct ?*
- *Je ne sais pas.*
- *Je ne te comprends pas.*
- *Tu peux répéter s´il te plaît ?*

Terminez la conversation.

- *Merci (beaucoup).*
- *C´était intéressant d´échanger mes idées avec toi.*
- *Salut.*

Le journal télévisé

Lernjahr	ab 2
Thema	Text in eine andere Form übertragen und vortragen
Vorbereitung	–
Besonderer Nutzen	Ausgangstext analysieren und vertiefen, Sprachkompetenz fördern

Möglicher Ablauf

- Zu einem bekannten Text erhalten die Schüler folgende Aufgabe: « *Préparez en groupe un journal télévisé.* »
- Jede Gruppe (bis zu 5 Schüler) hat 10 Minuten Zeit, die wesentlichen Textaussagen zu rekapitulieren und damit eine Nachrichtensendung zu entwerfen.
- Jede Gruppe bestimmt einen (Nachrichten-)Sprecher, der ihre Sendung anschließend (möglichst frei) vor der Klasse präsentiert.

Tipps	▪ Die Schüler sollten mit dem Format „Nachrichtensendung" vertraut sein. ▪ Text und Lexik müssen den Schülern bekannt sein. ▪ Der jeweilige Nachrichtensprecher kann auch ausgelost werden. Auf diese Weise müssen alle Schüler auf ihre Präsentation jeweils gut vorbereitet sein.
Varianten	▪ Der Inhalt des Textes kann auch mit unterschiedlichen Gefühlslagen (unabhängig vom Textinhalt) wiedergegeben werden, wie z. B. traurig, wütend, glücklich, ängstlich, verliebt etc. Hier ist ein wenig schauspielerisches Talent seitens der Schüler gefragt. ▪ Der Text kann auch in ein anderes Format übertragen werden, wie z. B. eine Spiel-, Quiz- oder Talkshow. Dies nimmt jedoch deutlich mehr Zeit in Anspruch und eignet sich vielmehr für eine Erarbeitungsphase. ▪ Eine weitere Variante besteht darin, die wesentlichen Textaussagen in einem Dialog wie z. B. einem Telefongespräch, einem Interview, einem inneren Monolog oder auch einer kurzen Theaterszene oder einem Sketch zu verarbeiten.

Le tchatcheur

Lernjahr	ab 2
Thema	spontan eine Geschichte erzählen
Vorbereitung	Situationskarten, Wortkarten
Besonderer Nutzen	freies Sprechen fördern, aktives Zuhören trainieren

Möglicher Ablauf

- Sie bereiten einen Stapel mit Situationskarten und einen Stapel mit Wortkarten vor. Auf den Situationskarten ist eine kurze Gesprächssituation geschildert, wie z. B. « *Tu es devant la Tour Eiffel. Un policier arrive et te parle.* » Die Begriffe der Wortkarten müssen den Schülern bekannt sein, sollten jedoch nicht aus dem gleichen Wortfeld stammen.
- Ein Schüler zieht zunächst eine *carte-situation* und liest die Situation laut vor. Anschließend zieht er eine *carte-mots* und liest die Begriffe ebenfalls laut vor.
- Der Schüler hat nun max. 3 Minuten Zeit, spontan eine Geschichte zur vorgegebenen Situation zu erzählen, in welche er die Begriffe passend einbauen muss. Die Mitschüler achten darauf, ob alle Begriffe sinnvoll eingesetzt werden.
- Anschließend ist der nächste Schüler an der Reihe.

Tipps	▪ Wird die Methode im Klassenverband durchgeführt, sollten ausreichend Situations- und Wortkarten zur Verfügung gestellt werden. ▪ Es ist zu empfehlen, die Methode in Kleingruppen durchzuführen. Auf diese Weise können mehrere Schüler gleichzeitig ihre Geschichte vortragen und durch den geschützten Raum werden Sprechhemmungen abgebaut. Für jede Kleingruppe sollten genügend Situations- und Wortkarten vorbereitet werden. ▪ Die vortragenden Schüler sollten mindestens 1 Minute frei sprechen. ▪ Die Schüler können die Situations- und Wortkarten auch selbst erstellen, z. B. in Partnerarbeit oder als Hausaufgabe. Dies ist motivationsfördernd. ▪ Die Wortkarten können auch zur Lexik einer neuer Lektion angefertigt werden. Auf diese Weise wird das neue Vokabular in einem anderen Kontext angewandt.
Varianten	▪ Im Sinne der Binnendifferenzierung können die Schüler selbst entscheiden, wie viele Begriffe sie verwenden wollen. Leistungsschwächere Schüler haben dabei die Möglichkeit, nur 1 oder 2 Begriffe in ihre Geschichte einzubauen. Sie teilen ihren Mitschülern jedoch nicht mit, um welche Begriffe es sich handelt. Die Mitschüler müssen nun genau zuhören und am Ende angeben, welche Begriffe verwendet bzw. nicht verwendet wurden.

Material

carte – situation

Tu es devant la Tour Eiffel. Un policier arrive et te parle.

carte – mots

a une guitare
b un chien
c une banane

carte – situation

Dans un magasin, tu veux payer tes grosses courses à la caisse. Tu cherches ton porte-monnaie, mais tu ne le trouves pas.

carte – mots

a un seau
b une tante
c un artichaut

carte – situation

Ton portable sonne pendant la représentation d´une pièce de théâtre.

carte – mots

a une fenêtre
b un arbre
c un jambon

Les personnages célèbres

Lernjahr	ab 2
Thema	Figuren erraten
Vorbereitung	–
Besonderer Nutzen	alle Schüler aktivieren, Fragen stellen, Vorwissen aktivieren

Möglicher Ablauf

- Die Schüler wählen aus dem Lektionstext, der Lektüre oder dem Film eine Figur aus, welche sie repräsentieren möchten. Kein Schüler darf verraten, welche Figur er gewählt hat.
- Die Mitschüler müssen nun durch geschickte Fragen erraten, welche Figur ihr Mitschüler repräsentiert. Dabei stellen sie Fragen zu den Eigenschaften, dem Aussehen, dem Charakter, den Einstellungen, den Plänen etc. der Figur. Es dürfen nur Fragen gestellt werden, die mit *Oui* oder *Non* beantwortet werden können.
- Wird eine Frage mit *Oui* beantwortet, darf der Schüler weiterraten. Sobald eine Frage verneint wird, ist der nächste Schüler mit Fragen an der Reihe.

Tipps	▪ Um eine hohe Schülerbeteiligung zu erzielen, sollte die Methode eher in Kleingruppen als im Plenum angewandt werden. ▪ Da die Schüler die Figuren gut kennen müssen, ist es nicht sinnvoll, die Methode zu Beginn einer Unterrichtsreihe durchführen.
Varianten	▪ Die Methode kann auch umgekehrt gemäß dem Spiel „Wer bin ich?" durchgeführt werden. Dazu fertigen Sie oder die Schüler kleine Schilder oder Aufkleber mit den Namen der zu erratenden Personen an. Diese werden verdeckt verteilt oder gezogen und *nur* für die Mitschüler sichtbar gemacht. Kein Schüler darf wissen, welche Person er repräsentiert. Er muss nun Fragen zu seiner Person stellen, welche die Mitschüler mit *Oui* oder *Non* beantworten, wie z. B. *Est-ce que je suis un homme ?* Solange die Fragen mit *Oui* beantwortet werden, darf weitergeraten werden. Wird eine Frage verneint, darf der nächste Schüler Fragen zu seiner Person stellen.

La boîte à histoires

Lernjahr	ab 2
Thema	zusammenhängend erzählen
Vorbereitung	Bildkarten
Besonderer Nutzen	alle Schüler aktivieren, Sprechhemmungen abbauen, individuelle Sprechzeit erhöhen, Vorwissen aktivieren

Möglicher Ablauf

- Die Schüler finden sich mit einem Partner zusammen. Jedes Tandem zieht 4 Bildkärtchen. Auf den Bildern/Fotos werden Ausschnitte aus dem Lektionstext (oder Lektüre, Film o. Ä.) dargestellt.
- Die Tandems bringen nun die Kärtchen in die richtige Reihenfolge. Bild 1 bleibt aufgedeckt, alle anderen Kärtchen werden umgedreht.
- Schüler A beginnt mithilfe des ersten Bildes eine Geschichte zu erzählen. Nach etwa 5 Sätzen, deckt Schüler B das nächste Bild auf und setzt die Geschichte fort. Die Fortsetzung muss dabei angemessen in die bereits erzählte Geschichte integriert werden.

Tipps

- Die Bildkarten sollten in mehrfacher Ausführung erstellt und laminiert werden. Hat ein Tandem eine Karte doppelt, wird eine neue gezogen.
- Es ist wichtig, dass die Schüler keine inhaltlich fehlerhafte Geschichte erzählen. Die Kontrolle erfolgt durch den Partner. Es spricht jedoch nichts dagegen, die Geschichten phantasievoll auszuschmücken.
- Der Lehrer hat bei dieser Methode eine beobachtende Funktion. Er geht von Tandem zu Tandem, macht sich ggf. Notizen und steht für inhaltliche sowie sprachliche Fragen zur Verfügung. Eine Fehlerkorrektur bzw. -besprechung sollte nach Möglichkeit in einer anschließenden Plenumsphase stattfinden.
- Die Geschichten können im Anschluss von den Schülern verschriftlicht werden.

L'image incomplète

Lernjahr	ab 2
Thema	ein Bild beschreiben und erraten
Vorbereitung	Bild/Zeichnung auf Folie, OHP
Besonderer Nutzen	neugierig machen, Lexik zur Bildbeschreibung wiederholen und festigen

Möglicher Ablauf

- Sie präsentieren ein Bild auf Folie, wovon jedoch ein Teil verdeckt bleibt.
- Die Schüler beschreiben, was sie sehen.
- Anschließend stellen sie begründete Vermutungen darüber an, was auf dem verdeckten Teil abgebildet ist.
- Nachdem mehrere Schüler ihre Vermutungen geäußert haben, wird das Bild komplett aufgedeckt.

Tipps	■ Der Wortschatz zur Bildbeschreibung sollte den Schülern bekannt sein. Neue Vokabeln können mithilfe des Bildes semantisiert werden. ■ Nicht alle Bilder sind für diesen Einstieg geeignet. Im bestmöglichen Fall handelt es sich um Bilder, die den Betrachter nach dem vollständigen Aufdecken überraschen.
Varianten	■ Sie präsentieren ein abgedecktes Bild auf Folie, decken es langsam und sukzessive auf. Die Schüler stellen begründete Vermutungen darüber an, was auf dem Bild zu sehen ist. ■ Mithilfe des OHP wird das Bild den Schülern unscharf präsentiert und nach und nach schärfer gestellt. ■ Sie präsentieren ein abgedecktes Bild auf Folie. Die Abdeckung sollte deutlich größer als das Bild sein und enthält eine ausgeschnittene Öffnung in Form eines Schlüssellochs. Das Schlüsselloch ermöglicht den Blick auf ein Detail Ihrer Wahl und kann mehrmals verschoben werden. ■ Handelt es sich um einen Ausschnitt aus einer *bande dessinée* (BD) können Sie die Sprechblasen entweder abdecken oder leer präsentieren. Die Schüler sind dazu aufgefordert, die Sprechblasen zu füllen und anschließend mit dem Original zu vergleichen.

La discussion simultanée

Lernjahr	ab 3
Thema	gleichzeitiges Diskutieren
Vorbereitung	–
Besonderer Nutzen	Vorwissen aktivieren, viele Ideen in kurzer Zeit bündeln, Ergebnisse austauschen, Sprechhemmungen abbauen

Möglicher Ablauf

- Sie geben ein Thema vor oder stellen eine Frage oder Aufgabe.
- In einem von Ihnen festgelegten Zeitrahmen tauschen sich die Schüler in der Kleingruppe auf Französisch darüber aus.
- Die Gruppenergebnisse halten die Schüler schriftlich fest.
- In der anschließenden Auswertung präsentiert je ein Gruppensprecher die Ergebnisse seiner Kleingruppe.

Tipps	▪ Bitten Sie die Schüler, leise innerhalb ihrer Kleingruppe zu sprechen. ▪ Sie können den Schülern Redemittel bereitstellen, die die Kommunikation in der Fremdsprache erleichtern. ▪ Die Schüler können innerhalb der Kleingruppe eine bestimmte Rolle übernehmen, wie z. B. *le porte-parole, le maître de la langue, le maître du temps,* etc.
Varianten	▪ Wiederholungen sowie eine zu große Fülle an Informationen in der abschließenden Plenumsphase können vermieden werden, wenn z. B. vorab jeweils 2 Gruppen ihre Ergebnisse abgleichen oder jeder Gruppensprecher dem Plenum nur den wichtigsten Aspekt mitteilt. Es ist ebenfalls sinnvoll, dass nachfolgende Gruppensprecher lediglich die Ergebnisse ihrer Vorgänger ergänzen dürfen. ▪ Die Kleingruppen können ihre Ergebnisse auch z. B. in Form von Plakaten in der Klasse aufhängen.

La conversation promenade

Lernjahr	ab 3
Thema	Gespräche im Gehen führen
Vorbereitung	–
Besonderer Nutzen	natürliche Sprechsituation schaffen, alle Schüler aktivieren, freies Sprechen fördern, aktives Zuhören trainieren, Sprechhemmungen abbauen

Möglicher Ablauf

- Sie wählen ein Thema bzw. eine Frage aus.
- Es werden Schülerpaare gebildet, die sich im Gehen (z. B. auf dem Schulhof oder in der Aula) auf einer zuvor festgelegten Strecke über das entsprechende Thema auf Französisch austauschen. Dies können persönliche Themen, ein gelesener Text oder auch Hausaufgaben sein.
- Um Gruppenbildungen und Störungen zu vermeiden, werden die Tandems nach und nach losgeschickt.
- Sie als Lehrkraft stellen gleichzeitig Start- und Zielpunkt dar.

Tipps	▪ Die Schüler sollten über Gesprächsstrategien und entsprechende Redemittel verfügen. Bei ungeübten Lerngruppen ist ein *support linguistique* zu empfehlen. ▪ Die Strecke für die Gespräche sowie die Orientierungspunkte, die beim Gehen umrundet werden, müssen zuvor festgelegt werden. ▪ Die Schüler sollen sich nicht abwechselnd etwas vortragen, sondern vielmehr ein echtes Gespräch in der Fremdsprache führen. Das heißt, der Gesprächspartner darf bzw. soll nachfragen sowie Zustimmung oder Ablehnung zum Ausdruck bringen. ▪ Halten Sie die Schüler dazu an, ausschließlich auf Französisch zu kommunizieren. Bei Verständnisproblemen sind ggf. weitere Erklärungen (notfalls auch mit Händen und Füßen) nötig. Es soll jedoch weder auf die Muttersprache noch auf eine andere Fremdsprache ausgewichen werden. ▪ Die Methode eignet sich ebenfalls zum Trainieren lexikalischer oder grammatischer Strukturen sowie als Vorbereitung auf mündliche Prüfungen.
Varianten	▪ Vor den Schülergesprächen kann auch eine kurze Einzelarbeitsphase erfolgen. Jeder Schüler strukturiert zunächst seine Gedanken und macht sich Gesprächsnotizen. In einer anschließenden Übungsphase gehen die Schüler im Klassenraum umher und sprechen ihre Gedanken leise vor sich hin. ▪ Sie können auch Karteikarten vorbereiten mit verschiedenen Themen bzw. Fragen. Jedes Schülerpaar zieht eine Karte und führt eine spontane Unterhaltung darüber.

Material

La conversation promenade : support linguistique

Pour montrer son accord

- *C´est vrai/exact/juste.*
- *Absolument./Exactement.*
- *Tu as raison.*
- *Je suis d´accord avec toi.*
- *Je suis du même avis.*

Pour montrer son désaccord

- *Je ne suis pas (du tout) d´accord avec toi.*
- *Tu as tort.*
- *Pas vraiment/tout à fait.*
- *Je comprends, mais…*

Pour donner un feedback positif

- *Oui, en effet.*
- *Très bien.*
- *Bien sûr.*
- *C´est (vraiment) intéres-sant/génial/drôle/super.*

Pour exprimer sa surprise/son émotion

- *Vraiment ?*
- *Sans blague ?*
- *Tu parles !*
- *Mon Dieu !*
- *Quelle horreur !*

La ligne de position

Lernjahr	ab 3
Thema	seinen Standpunkt begründen
Vorbereitung	–
Besonderer Nutzen	alle Schüler aktivieren, eigene Meinung äußern und begründen

Möglicher Ablauf

- Sie stellen eine Frage zu einem kontroversen Thema, wie z. B. « *Pour ou contre les uniformes à l'école ?* » oder « *Faut-il interdire les portables pendant les voyages scolaires ?* »
- Die Schüler müssen sich nun auf einer imaginären oder auf dem Boden markierten Linie entsprechend positionieren. Dabei stellen die Linienendpunkte die entgegengesetzten Positionen (*pour/contre* oder *oui/non*) dar. Der Abstand dazwischen markiert entsprechend abgestufte Positionen.
- Sie können nun einzelne Schüler dazu auffordern, ihre Position zu begründen. Es ist wünschenswert, dass sich die Schüler dabei argumentativ auf ihre Mitschüler beziehen.

Tipps	▪ Diese Einstiegsmethode eignet sich vor allem für Pro-Kontra-Diskussionen. Anhand der Positionslinie erhält man ein vorläufiges Meinungsbild. Dies ermöglicht u. a. eine Zuteilung in entsprechende Diskussionsgruppen. Alternativ können die Schüler, die sich bei « *contre* » positioniert haben, ebenso dazu aufgefordert werden, Pro-Argumente zu sammeln und umgekehrt (Perspektivwechsel). ▪ Auf Basis der Diskussions- oder Erarbeitungsergebnisse haben die Schüler am Stundenende noch einmal die Möglichkeit, sich neu zu positionieren und somit ihre ursprüngliche Meinung zu bestätigen oder zu revidieren.
Varianten	▪ Die Positionslinie lässt sich auch an der Tafel oder auf Folie realisieren. Einzelne Schüler kommen nach vorne, kennzeichnen ihre Meinung auf einer Linie und begründen ihren Standpunkt.

Les quatre coins

Lernjahr	ab 3
Thema	mündlicher Meinungsaustausch in Kleingruppen
Vorbereitung	4 Impulse (ggf. Plakate, Klebeband)
Besonderer Nutzen	alle Schüler aktivieren, Sprechhemmungen abbauen, eigene Meinung äußern und begründen

Möglicher Ablauf

- Wählen Sie für das Stundenthema 4 verschiedene Impulse aus. Dies können Begriffe, Thesen, Zitate, Satzanfänge, Abbildungen oder Objekte sein.
- Legen oder hängen Sie Ihre Impulse (z. B. in Form von Plakaten) vor Stundenbeginn in je einer Ecke des Klassenraums auf.
- In einer Art Museumsgang schauen sich die Schüler alle Impulse an, wählen eine Ecke aus und tauschen sich in Kleingruppen auf Französisch darüber aus.

Tipps	▪ Es sollte ausreichend Platz zur Verfügung stehen. ▪ Bei größeren Gruppen (ab ca. 20) ist es sinnvoll, die Impulse in doppelter Ausfertigung zur Verfügung zu stellen. ▪ Es ist empfehlenswert, die Impulse mit einer Aufgabenstellung zu versehen. Dies kann eine Frage oder ein Denkanstoß sein. Wichtig ist, dass die Schüler genau wissen, über was sie sich austauschen sollen. ▪ Dieser Unterrichtseinstieg lässt sich gut mit dem REP-Prinzip (*Réfléchir-Échanger-Présenter*, auch bekannt unter *Think-Pair-Share*) verknüpfen. Nachdem sich die Schüler für einen Impuls entschieden haben, können sie zurück auf ihre Plätze gehen, fertigen in Einzelarbeit Notizen an und tauschen sich dann mit einem Partner aus. Anschließend werden die Ergebnisse in der Kleingruppe oder im Plenum präsentiert. ▪ Das „4-Ecken-Gespräch" eignet sich auch für andere Phasen der Unterrichtsstunde, z. B. als Vertiefung oder Evaluation.
Varianten	▪ Die Methode kann auch materialfrei durchgeführt werden. Dabei werden den 4 Ecken des Raums lediglich Begriffe zugeordnet.

Un texte déchiré

Lernjahr	ab 1
Thema	einen Text rekonstruieren und chronologisch ordnen
Vorbereitung	Textstreifen, Tische und Stühle zur Seite räumen
Besonderer Nutzen	alle Schüler aktivieren, detailliertes Leseverstehen schulen, Hörverstehen fördern

Möglicher Ablauf

- Vor der Unterrichtsstunde fertigen Sie Textstreifen aus einem Lektionstext, einer Lektüre, einem Liedtext oder einem Gedicht an. Vorzugsweise sind dabei (minimal veränderte) Schlüsselsätze in 2 Hälften geteilt (Satzanfang oder Satzende, Frage oder Antwort).
- Für den Einstieg werden Tische und Stühle so zur Seite geräumt, dass die Schüler sich frei bewegen können.
- An jeden Schüler teilen Sie einen Textstreifen aus.
- Die Schüler müssen nun ihren Satz vervollständigen, indem sie sich zu Paaren zusammenfinden. Dabei gehen sie im Klassenraum umher und lesen ihren Mitschülern ihren Satzteil vor.
- Haben sich alle Paare gefunden, muss der Text als Ganzes rekonstruiert werden.
- Ein Team liest seinen kompletten Satz laut vor. Die 2er-Gruppe, die glaubt, den vorausgehenden Satz zu haben, liest diesen ebenfalls laut vor und stellt sich daneben.
- So wird weiterverfahren bis alle Sätze chronologisch geordnet sind. Zum Schluss wird der Text durch die Schüler noch einmal als Ganzes vorgelesen.

Tipps	▪ Der Einstieg eignet sich sowohl für bekannte als auch unbekannte Texte. ▪ Lektionstexte werden oftmals von den Verlagen in digitaler Form zum Bearbeiten zur Verfügung gestellt.
Varianten	▪ Die Satzteile können auch auf Folie kopiert und auseinandergeschnitten werden. Hier sind die Schüler aufgefordert, die Textstreifen auf dem OHP zusammenzusetzen, vorzulesen und chronologisch zu ordnen. ▪ Es ist ebenso denkbar, eine Kopie der ungeordneten Satzteile an jeden einzelnen Schüler auszuteilen und die Rekonstruktion und das Ordnen der Sätze entweder in Einzel-, Partner- oder Gruppenarbeit, mit oder ohne Hörtext, anfertigen zu lassen.

Trouvez les fautes

Lernjahr	ab 2
Thema	inhaltliche Fehler finden
Vorbereitung	Text mit falschen Angaben (auf Folie oder als Kopie)
Besonderer Nutzen	Leseverstehen schulen, Vorwissen aktivieren, Motivation steigern

Möglicher Ablauf

- Sie schreiben oder verändern einen informierenden Text, indem Sie mehrere Angaben durch falsche Informationen austauschen.
- Den fehlerhaften Text präsentieren Sie den Schülern entweder auf Folie oder teilen ihn als Kopie aus.
- In Einzel- oder Partnerarbeit müssen die Schüler nun die falschen Angaben im Text finden und korrigieren.
- Zum Schluss werden alle fehlerhaften Textstellen noch einmal in der Gruppe oder im Plenum besprochen.

Tipps	▪ Die Lexik sollte den Schülern bekannt sein. ▪ Der Einstieg eignet sich sowohl als Wiederholung von bekannten Inhalten als auch für ein noch unbekanntes Thema.
Varianten	▪ Handelt es sich um die Wiederholung von Inhalten, können die Schüler auch selbst Fehler in Texte einbauen oder einen fehlerhaften Text erstellen (z. B. als Hausaufgabe). Für den Einstieg werden diese Texte (welche in maschineller Form vorliegen sollten) von ihnen eingesammelt, gemischt und ausgeteilt. Je nach der zur Verfügung stehenden Anzahl an Texten wird der Einstieg in Einzel- oder Partnerarbeit durchgeführt.

Les portraits-robots

Lernjahr	ab 3
Thema	Personen mithilfe von Steckbriefen erkennen
Vorbereitung	Steckbriefe, Portraits
Besonderer Nutzen	alle Schüler aktivieren, detailliertes Leseverstehen schulen, Wortschatz zur Personenbeschreibung wiederholen und festigen

Möglicher Ablauf

- Sie hängen im Klassenraum verschiedene Portraits (z. B. Bilder oder Fotos) von Personen auf, die mit einem Namen versehen sind.
- An jeden Schüler verteilen Sie einen ausformulierten, nummerierten Steckbrief einer dieser Personen und legen die übrigen Steckbriefe auf das Lehrerpult.
- Die Schüler lesen ihren Steckbrief aufmerksam durch und versuchen mithilfe der gegebenen Informationen die entsprechende Person zu identifizieren.
- Die Schüler notieren sich die Nummer des Steckbriefs sowie den dazugehörigen Namen, legen ihren Steckbrief unter den Stapel auf dem Lehrerpult und nehmen sich einen neuen Steckbrief.

Tipps	▪ Der Wortschatz zur Beschreibung von Personen sollte den Schülern bekannt sein. ▪ Es ist sinnvoll, die Anzahl der Steckbriefe in 1,5-facher Ausfertigung zu kopieren. Die Portraits sollten ebenfalls mehrfach kopiert und aufgehängt werden. ▪ Wenn Sie kleinere Portraits verwenden, sollten Sie den Schülern gestatten, aufzustehen und im Klassenraum umherzugehen. ▪ Die Steckbriefe können auch von den Schülern selbst erstellt werden, z. B. als vorbereitende Hausaufgabe in maschineller Form. Dies können auch Steckbriefe über berühmte Personen, über sich selbst oder über Mitschüler sein.
Varianten	▪ Die Steckbriefe können auch im Plenum oder in Kleingruppen von den Schülern laut vorgelesen werden. Die Mitschüler müssen herausfinden, um welche Person es sich handelt. Bei dieser Vorgehensweise würde vielmehr das Hörverstehen geschult.

Le cadavre exquis

Lernjahr	ab 2
Thema	mehrere Schüler konstruieren einen Satz
Vorbereitung	Papier und Stifte
Besonderer Nutzen	Satzbau üben, Verben und Adjektive angleichen

Möglicher Ablauf

- Jeder Schüler erhält ein Blatt Papier und notiert oben auf der Seite ein Subjekt.
- Bevor das Blatt Papier weitergereicht wird, wird es so umgeknickt, dass das Geschriebene nicht mehr sichtbar ist.
- Nun schreibt jeder Schüler eine Verbform, knickt das Blatt Papier um und gibt es weiter.
- Der Ablauf wiederholt sich, bis die Sätze fertig sind und präsentiert werden können. In der Regel entstehen auf diese Art und Weise lustige und kuriose Sätze.

Tipps	▪ Je nach Leistungsstand der Lerngruppe, legen Sie im Vorhinein ein festes Satzschema fest. ▪ Die Schüler sollen Subjekte und Objekte immer mit Artikel notieren. ▪ Jeder Schüler kann durch eine kurze sichtbare Notiz seinem Nachfolger mitteilen, ob eine männliche (*m.*) oder weibliche (*f.*) Form bzw. Singular (*sg.*) oder Plural (*pl.*) gewünscht wird. ▪ Denkbar ist auch, dass der am Ende vortragende Schüler die grammatischen Anpassungen ad hoc macht.
Varianten	▪ Einfache Sätze beinhalten lediglich Subjekt – Verb – Objekt, komplexere Sätze können jedoch wie folgt aussehen: Subjekt – Adjektiv – Prädikat – direktes Objekt – Adjektiv – indirektes Objekt – adverbiale Bestimmung des Ortes – adverbiale Bestimmung der Zeit. ▪ In einer anschließenden Erarbeitungsphase können die Schüler eine Geschichte um ihren Satz erfinden und aufschreiben.

Imaginer le texte d´origine

Lernjahr	ab 2
Thema	anhand von Leitfragen auf den Ausgangstext schließen
Vorbereitung	Leitfragen
Besonderer Nutzen	kreatives Schreiben trainieren, Phantasie anregen

Möglicher Ablauf

- Zu einem unbekannten Text (Lektüre oder Lektionstext) formulieren Sie einige Leitfragen, welche Sie den Schülern auf Folie, an der Tafel oder als Kopie präsentieren.
- In Einzel- oder Partnerarbeit überlegen sich die Schüler eine Geschichte, zu welcher die Leitfragen gestellt worden sein könnten, und machen sich Notizen.
- Die Geschichten können entweder mündlich in Kleingruppen oder im Plenum präsentiert werden oder in einer sich anschließenden Erarbeitungsphase schriftlich festgehalten und ausgearbeitet werden, bevor die Schüler sie präsentieren.
- Zum Schluss erfolgt ein Vergleich mit dem Ausgangstext.

Tipps	▪ Die Leitfragen orientieren sich am Lernstand der Schüler und dienen als wichtige Schreibhilfe. Je nach gewünschtem Ergebnis können sie eher offen oder eng formuliert sein: *Où se trouve le village ?* (offen) *Pourquoi est-ce que Jean ne veut pas aller à la fête de Julie ?* (eng)
Varianten	▪ Interessant ist es auch, Leitfragen zu formulieren, die sich gar nicht auf einen konkreten Text beziehen, sondern auf einen Text, der allein Ihrer Phantasie entspringt. Auf diese Weise entstehen sehr unterschiedliche und einfallsreiche Schülertexte.

La discussion muette

Lernjahr	ab 3
Thema	stummes Schreibgespräch
Vorbereitung	große Papierbögen/Flipcharts, verschiedenfarbige Stifte
Besonderer Nutzen	alle Schüler aktivieren, Schreib- und Lesefertigkeiten trainieren, stumme Interaktion fördern

Möglicher Ablauf

- Die Schüler finden sich in Kleingruppen (vorzugsweise 4er-Gruppen) zusammen, die Tische werden entsprechend angeordnet und jede Gruppe erhält einen großen Papierbogen sowie verschiedenfarbige Stifte.
- Sie geben den Schülern einen visuellen oder schriftlichen Impuls (z. B. Begriff, Frage oder Aussage), welcher in die Mitte des Papierbogens aufgeklebt bzw. geschrieben wird.
- Innerhalb einer festgelegten Zeit (z. B. 5 Minuten) notieren die Schüler gleichzeitig ihre Gedanken, Assoziationen und Meinungen auf das Papier.
- Im Anschluss an diese Schreibphase gehen die Schüler um die Plakate herum, lesen die Beiträge ihrer Mitschüler und kommentieren diese schriftlich. Sie drücken dabei ihre Zustimmung (*C´est vrai/correct, bonne idée, etc.*) oder Ablehnung (*Mais non, absolument pas, etc.*) aus, dürfen andere Aspekte hinzufügen, Fragen formulieren, verstärken, ironisieren oder Pfeile und Verbindungslinien einfügen.
- Das Schreibgespräch endet nach einer vorgegebenen Zeit (z. B. 10 Minuten). Die Plakate können für eine sich anschließende Erarbeitungsphase (Textproduktion, Diskussion/Debatte etc.) weiterverwendet werden.

Tipps	▪ Sprechen während des Schreibens ist streng untersagt. ▪ Während die Schüler die Beiträge ihrer Mitschüler kommentieren, überprüfen Sie die Plakate auf ihre sprachliche Richtigkeit und bekommen dabei das Meinungsspektrum der Klasse aufgezeigt. ▪ Diese Methode ist auch für Feedback geeignet.
Varianten	▪ Jeder Schüler notiert seine Gedanken auf ein Blatt Papier, welches an den Sitznachbarn zur Rechten weitergereicht und von ihm wie oben beschrieben kommentiert wird. Das Blatt wird so lange weitergegeben, bis mindestens 4 Schüler ihre Kommentare festgehalten haben. Anschließend werden die Blätter so zurückgegeben, dass alle die Kommentare lesen können.

Le set de table

Lernjahr	ab 3
Thema	alleine denken und schreiben, gemeinsam austauschen
Vorbereitung	große Papierbögen/Flipcharts, Stifte
Besonderer Nutzen	Vorwissen aktivieren, freies Schreiben trainieren, freies Sprechen vorbereiten

Möglicher Ablauf

- Sie formulieren ein Thema, ein Problem oder eine Fragestellung.
- Die Klasse wird in 4er-Gruppen eingeteilt.
- Die Schüler jeder Gruppe sitzen um einen großen Papierbogen, der in 5 Bereiche unterteilt ist (s. u.). Zunächst denkt jeder Schüler über das Thema nach und formuliert die eigenen Gedanken auf seinem Teil des Blattes.
- Dann wird das Blatt so gedreht, dass jeder die Notizen der anderen Gruppenmitglieder lesen kann.
- Anschließend tauschen sich die Schüler aus (auf Französisch!) und einigen sich auf gemeinsame Aspekte, die sie in der Blattmitte notieren.
- Zum Schluss erfolgt eine Auswertung im Plenum.

Tipps	▪ Während des Schreibens und Lesens dürfen die Schüler (noch) nicht miteinander sprechen. ▪ Das „Platzdeckchen“ eignet sich nicht nur für die Reaktivierung und Sammlung von Wortschatz, sondern auch als Vorbereitung für eine Diskussion oder das Formulieren eines gemeinsamen Resümees oder Kommentars.
Varianten	▪ Die Schüler einer Gruppe können statt einer arbeitsgleichen auch eine arbeitsteilige Aufgabenstellung bearbeiten.

Material

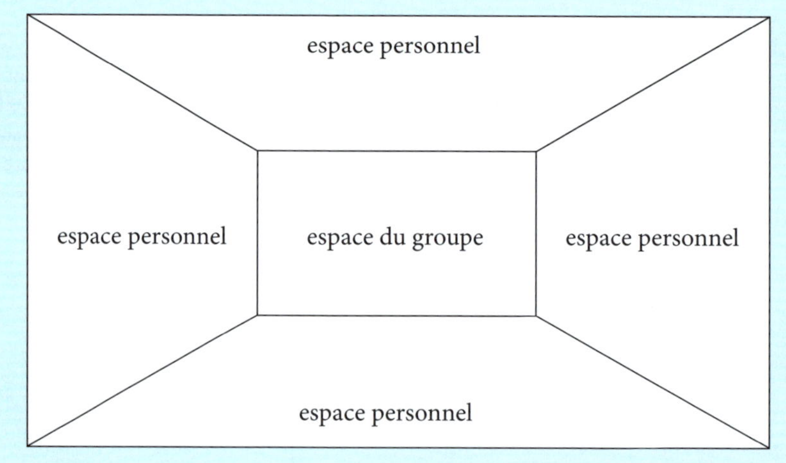

L´associogramme

Lernjahr	ab 1
Thema	Wörter zu einem zentralen Begriff sammeln
Vorbereitung	–
Besonderer Nutzen	thematischen Wortschatz wiederholen und visualisieren, Lerntechnik

Möglicher Ablauf

- Sie notieren einen zentralen Begriff an die Tafel, z. B. « *les fruits* », und kreisen diesen ein.
- Die Schüler nennen daraufhin Wörter, die ihnen dazu einfallen. Bei Substantiven muss immer der Artikel mit angegeben werden.
- Sie notieren die Schülerbeiträge um den zentralen Begriff herum. Mit einer Linie verknüpfen Sie jedes Wort mit dem zentralen Begriff. Ein so genannter „Wortigel" entsteht, welchen die Schüler in ihr Heft übertragen.

Tipps	■ Die Schüler können auch einzeln nach vorne kommen, ihr Wort laut nennen und dann selbst an der Tafel notieren. Anschließend geben sie die Kreide an einen Mitschüler weiter. Sie als Lehrperson überprüfen lediglich Aussprache und Rechtschreibung. ■ Das Assoziogramm sollte nach den Schülerbeiträgen noch vervollständigt bzw. erweitert werden. Dies kann entweder durch Sie als Lehrkraft geschehen oder innerhalb einer sich anschließenden Erarbeitungsphase.
Varianten	■ Eine Variante des Assoziogramms stellt das « *filet à mots* » dar. Aufgabe der Schüler ist es hier, ausgehend von dem zentralen Begriff ein Vokabelnetz zu erstellen. Dazu werden passende Teilbereiche um den Zentralbegriff gruppiert. Die Schüler können in das *filet à mots* neben Substantiven auch Adjektive, Verben, Synonyme und Antonyme sowie Redemittel etc. integrieren. Es bietet sich an, das *filet à mots* von den Schülern innerhalb einer Gruppenarbeit erstellen zu lassen. Dafür muss das entsprechende Material (Plakate, Stifte etc.) zur Verfügung gestellt werden. Die Plakate können im Anschluss an die Gruppenarbeit präsentiert und in der Klasse aufgehängt werden. Das *filet à mots* stellt eine Alternative zu zweisprachigen Vokabellisten dar, um Wortschatz systematisch zu lernen und langfristig zu behalten.

Material

Un associogramme

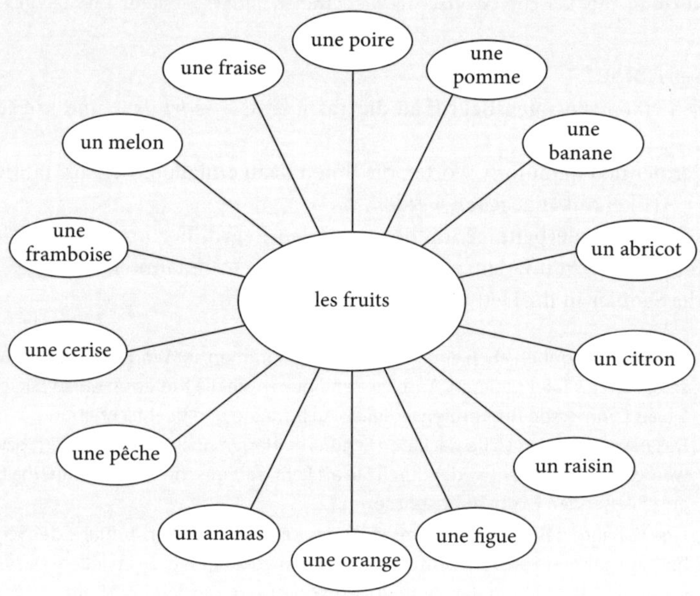

Mögliche Fragen, die Sie den Schülern stellen können:

- *Quel(s) fruit(s) est-ce que vous aimez/préférez ?*
- *Quel(s) fruit(s) est-ce que vous n´aimez pas ?*
- *Nommez des fruits rouges/exotiques,etc.*
- *Nommez les fruits qui poussent dans un arbre.*
- *Quels fruits est-ce que vous prendriez pour une salade de fruits?*
- *Quels fruits secs est-ce que vous connaissez / vous avez déjà gouté?*
- *La confiture de quel fruit est-ce que vous aimez/préférez?*

Material

Un filet à mots

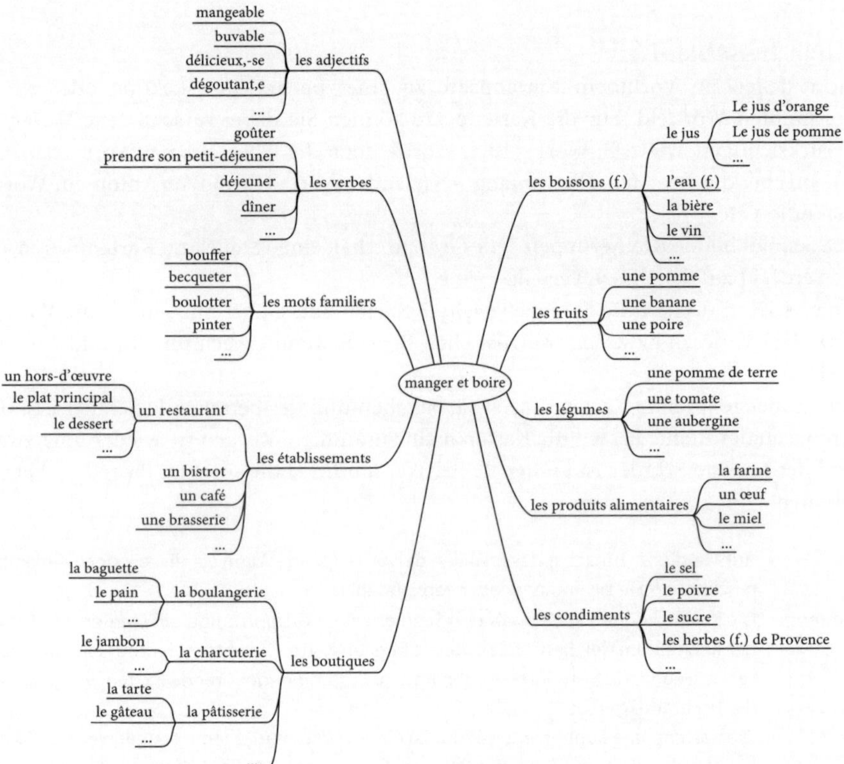

Le jeu des paires

Lernjahr	ab 1
Thema	finden, was zusammengehört
Vorbereitung	Kartenpaare
Besonderer Nutzen	Wortschatz wiederholen und festigen, Konzentration fördern

Möglicher Ablauf

- Sie erstellen im Vorhinein Kartenpaare zu einer behandelten Lektion oder einem bestimmten Wortfeld. Für die Kartenpaare können Sie dabei verschiedene Varianten berücksichtigen, wie z. B. Wort – Bild, Wort – deutsche Übersetzung, Wort – Satz mit entsprechender Leerstelle, Satzanfang – Satzende, Wort – Synonym/Antonym, Wort – Definition etc.
- Die Schüler bilden Kleingruppen. Jede Gruppe erhält einen Stapel mit Kartenpaaren, die sie verdeckt auf dem Tisch verteilt.
- Abwechselnd decken die Schüler jeweils 2 Karten auf. Dabei müssen sie die Wörter/Sätze laut vorlesen bzw. den französischen Begriff (wenn es sich um ein Bild handelt) nennen.
- Zusammengehörende Karten dürfen sie behalten und der betreffende Schüler ist noch einmal an der Reihe. Passen die Karten nicht zusammen, werden sie wieder umgedreht und der nächste Schüler ist an der Reihe. Wer am Ende die meisten Paare hat, hat gewonnen.

Tipps	■ Aufwendig ist zunächst das Erstellen der Kartenpaare. Wenn Sie diese jedoch einlaminieren, können Sie sie immer wieder verwenden.
Varianten	■ Die Karten können auch unter den Schülern einer Gruppe aufgeteilt werden. Die Schüler nennen reihum den Begriff/Satz ihrer obersten Karte. Die Mitschüler müssen nun das passende Gegenstück aus ihren Karten finden. Zusammengehörende Karten werden offen in die Tischmitte gelegt. ■ Die Kartenpaare können ebenso gut zu einem Grammatikthema erstellt werden. Dies bietet sich z. B. an für: Adjektive (Nomen, Sg. oder Pl.) – Adjektiv (Sg. oder Pl., m. oder f.), Bedingungssätze (Nebensatz mit *si* – Hauptsatz), Possessivbegleiter (Possessivbegleiter – Nomen), Verben (Personalpronomen – Verbform, Infinitiv – *participe passé*) etc.

Le jeu des paires d'élèves

Lernjahr	ab 1
Thema	Wer gehört zu wem?
Vorbereitung	–
Besonderer Nutzen	Wortschatz wiederholen und festigen, Auflockerung

Möglicher Ablauf

- Es werden 2 Schüler ausgewählt, die gegeneinander spielen. Die beiden müssen vor dem Klassenraum warten.
- Währenddessen geben Sie ein Thema/einen Oberbegriff vor, woraufhin sich je 2 Schüler zusammenfinden, die ein Paar bilden wollen. Die beiden müssen sich nun auf einen passenden Begriff einigen und darauf, wer von ihnen den deutschen und wer den entsprechenden französischen Begriff nennt.
- Anschließend müssen sich die Schüler im Klassenraum gut „durchmischen."
- Nachdem die beiden wartenden Schüler zurück in den Klassenraum geholt wurden, sind sie abwechselnd an der Reihe, durch Aufrufen oder Berühren an der Schulter einen Mitschüler zu aktivieren. Dieser nennt daraufhin seinen Begriff.
- Für richtig gefundene und benannte Paare erhält der jeweilige Spieler einen Punkt. Wer am Ende die meisten Punkte hat, gewinnt.

Tipps	▪ Der Einstieg kann durch Verwenden einer oder mehrerer Varianten an den Lernstand der Gruppe angepasst werden. Beim Festlegen der jeweiligen Aktion bzw. Kombination können die Paare kreativ sein.
Varianten	▪ Ein Schüler nennt den französischen Begriff, sein Partner das entsprechende Synonym oder Antonym oder eine Definition. ▪ Ein Schüler nennt den französischen Begriff, sein Partner macht eine passende Geste oder ein passendes Geräusch/Laut. ▪ Ein Schüler sagt einen Satzanfang, der andere das entsprechende Satzende.

Je fais ma valise

Lernjahr	ab 1
Thema	bestimmte Begriffe aufzählen und ergänzen
Vorbereitung	–
Besonderer Nutzen	Wortschatz wiederholen und festigen, alle Schüler aktivieren, Memorisierungsfähigkeit und Konzentrationsfähigkeit fördern

Möglicher Ablauf

- Die Klasse wird in Gruppen (ca. 5–8 Schüler) aufgeteilt.
- Sie geben das Thema (z. B. *à la maison, au magasin, au marché, au bord de la mer, etc.*) bzw. die Strategie vor, z. B.: Es dürfen nur Gegenstände in der Schultasche oder im Klassenzimmer genannt werden.
- Ein Schüler jeder Gruppe beginnt mit dem Satzanfang « *Je fais ma valise…* », den er folgendermaßen beenden könnte: « *…et je prends un stylo.* »
- Im Uhrzeigersinn „packt" nun jeder Schüler „seinen Koffer", wiederholt die bisher genannten Begriffe in der richtigen Reihenfolge, ergänzt einen Begriff und wendet dabei die richtige Strategie an. Gelingt ihm dies nicht, scheidet er entweder aus oder erhält einen Minuspunkt.
- Sieger ist am Ende derjenige, der übrig bleibt bzw. nach einer bestimmten Zeit die wenigsten Minuspunkte hat.

Tipps	■ Damit niemand vorzeitig ausscheidet, wird die Vergabe von Minuspunkten empfohlen. Dies können Chips, Stifte o. Ä. sein. Ein Schüler pro Gruppe oder Sie als Lehrkraft können die Minuspunkte auch auf einem Zettel notieren.
Varianten	■ Weitere mögliche Strategien sind u. a. Gegenstände einer bestimmten Farbe, Gegenstände, die den gleichen Anfangsbuchstaben haben, Gegenstände in Verbindung mit Adjektiven, Kleidungsstücke in Verbindung mit Farben. ■ Anstatt des Anfangssatzes « *Je fais ma valise et je prends …* » könnte dieser auch lauten « *Je vais à la mer/au magasin/à l´école ... pour …* ». Der Vorteil bei dieser Vorgehensweise liegt darin, dass nicht nur Substantive, sondern auch Verben eingesetzt werden, so z. B. « *Je vais à la mer pour faire de la natation.* »

Le parcours-mémoire

Lernjahr	ab 1
Thema	Begriffe zu einem bestimmten Thema nennen
Vorbereitung	Themenkarten mit Unterbegriffen
Besonderer Nutzen	thematischen Wortschatz reaktivieren

Möglicher Ablauf

- Die Schüler werden in gleichgroße Gruppen aufgeteilt (mind. 4–10 Schüler maximal pro Gruppe). Jede Gruppe bildet 2 Teams, die gegeneinander spielen.
- Jede Gruppe erhält einen Stapel mit Themenkarten (z. B. *l´école, les métiers, les vêtements,* etc.). Ein Schüler zieht die oberste Karte, nennt das Thema bzw. den Oberbegriff und seine Mitspieler haben 30 Sekunden Zeit, um alle darunter aufgelisteten Wörter zu nennen.
- Die genannten Wörter können mit Bleistift durchgestrichen oder abgehakt werden. Dafür gibt es je einen Punkt. Werden alle auf der Karte aufgelisteten Wörter genannt, gibt es 5 Zusatzpunkte. Ein Spieler des gegnerischen Teams kontrolliert die Auswertung.
- Nach 30 Sekunden ist das andere Team an der Reihe.
- Das Team, welches am Ende die meisten Punkte hat, gewinnt.

Tipps	▪ Bei kleineren Gruppen müssen mehr Themenkarten zur Verfügung gestellt werden. ▪ Die Themenkarten können auch innerhalb einer Gruppenarbeit erstellt werden. Jede Gruppe fertigt dabei die Karten zu den vorgegebenen Themen für eine andere Gruppe an. ▪ Im Anschluss kann eine kreative Schreibaufgabe erfolgen, wobei möglichst viele Unterbegriffe verwendet werden sollen.
Varianten	▪ Der Einstieg ist auch mit der gesamten Klasse möglich. Hierfür müssen die Themenkarten auf Folie kopiert werden. Die Lerngruppe wird in 2 Mannschaften geteilt und es wird ein Spielleiter benötigt. Es nehmen 4 Schüler einer Mannschaft mit dem Rücken zur Tafel vor der Klasse Platz. Die Themenkarte wird der Klasse auf Folie präsentiert, während die Schüler, die mit dem Rücken zur Projektionswand sitzen, diese nicht sehen können. Nachdem der Spielleiter den Oberbegriff genannt hat, haben sie 30 Sekunden Zeit, alle Wörter zu nennen, die ihnen dazu einfallen. Der Spielleiter streicht mithilfe der Mitschüler die genannten Wörter mit Folienstift durch. Die Punktevergabe erfolgt wie oben beschrieben. Anschließend ist die andere Mannschaft an der Reihe.

Material

l' école

un collége
un professeur
une matière
une salle
un/e élève
une récréation
le gymnase
la cour
le directeur/proviseur
l'emploi du temps

les vêtements

une chemise
une jupe
un anorak
un pantalon
une robe
des chaussures
un pullover
un chapeau
des chaussettes
un t-shirt

les moyens de transport

un bus
un métro
une voiture
un vélo
un taxi
un train
un TGV
un bateau
un avion
un tram

le corps

la tête
un œil/des yeux
le nez
la bouche
le dos
le ventre
le bras
la main
la jambe
le pied

Le portrait de groupe

Lernjahr	ab 1
Thema	thematischen Wortschatz szenisch darstellen
Vorbereitung	Platz schaffen (vor der Tafel oder in der Raummitte)
Besonderer Nutzen	Wortschatz wiederholen und festigen, szenisch gestalten

Möglicher Ablauf

- Sie stellen sich vor die Klasse, machen eine Äußerung und eine entsprechende Geste dazu. Sie breiten z. B. die Arme aus und sagen: « *Je suis un arbre dans le square et je regarde quelques enfants et des animaux. Qui veut me rejoindre ?* »
- Einige couragierte Schüler werden Ihrer Aufforderung nachkommen, ebenfalls einen Satz mit einer passenden Geste äußern und sich entsprechend positionieren. Ein Schüler könnte sich z. B. mit angewinkelten Beinen und ausgestreckten Armen auf den Boden neben Sie setzen und sagen: « *Je suis un banc sous l'arbre. Un garçon est assis sur moi et dessine.* »
- Das von Ihnen initiierte Standbild wird sukzessive um einen Schüler erweitert und es entsteht nach und nach ein Gesamtkunstwerk: *le portrait de groupe.*
- Möchte kein Schüler mehr eine Rolle im Standbild einnehmen, wird es aufgelöst. Dabei gehen diejenigen zuerst zurück auf ihre Plätze, die auch als Erstes Teil des Portraits wurden. Auf diese Weise bekommen sie die Möglichkeit, die Szene von außen zu betrachten.

Tipps	Um eine Aktivierung möglichst aller Schüler zu erzielen, könnten diejenigen, die nicht Teil des *portraits* sind/sein wollen, dieses vor der Auflösung kommentieren (was fehlt ihrer Meinung nach?), Fragen an die Mitwirkenden stellen (zu ihrem Befinden oder äußeren Erscheinungsbild) oder das Portrait zusammenfassend versprachlichen.
Varianten	Mithilfe des *portrait de groupe* lässt sich sowohl der Wortschatz verschiedener Themenbereiche reaktivieren (z. B. *l'école, le restaurant, l'hôtel, la plage,* etc.) als auch bestimmte Grammatikphänomene anwenden. Bei der Behandlung des *participe présent* könnte der von Ihnen geäußerte Satz auch lauten: « *Je suis un arbre dans le square regardant quelques enfants et des animaux.* » Jeder Schüler, der eine Rolle im Standbild einnimmt, müsste dann in seinem Satz ebenfalls das *participe présent* verwenden.

Le dictionnaire unilingue

Lernjahr	ab 2
Thema	Begriffe erklären
Vorbereitung	Zettel mit Lexemen aus dem bekannten Wortschatz
Besonderer Nutzen	Wortschatz wiederholen und festigen, Bedeutung vermitteln

Möglicher Ablauf

- Jeder Schüler erhält 2–3 Zettel mit Lexemen aus dem bisher behandelten Wortschatz.
- Die Schüler müssen nun abwechselnd ihren Mitschülern die Bedeutung der Wörter vermitteln, ohne diese zu nennen.
- Die Schüler sollen dabei verschiedene Techniken anwenden: Definitionen geben, Kontextualisierung unter Auslassung des Wortes in einem Satz, Gebrauch von Synonymen und Antonymen etc.
- Der Mitschüler, der das richtige Wort errät, ist anschließend an der Reihe.

Tipps	▪ Die Techniken zur Bedeutungsvermittlung sollten den Schülern im Vorfeld bewusstgemacht und geübt werden, da sie stundenübergreifend von Bedeutung sind. ▪ Die Methode trägt nicht nur dazu bei, bekannten Wortschatz zu wiederholen und zu festigen, sondern auch unbekannte Lexik zu semantisieren, sei es durch Sie als Lehrkraft oder z. B. bei der Einführung eines Lektionsteils durch die Schüler selbst. ▪ *Le dictionnaire unilingue* kann auch schriftlich durchgeführt werden, z. B. als vor- oder nachbereitende Hausaufgabe.
Varianten	▪ Der Einstieg kann auch in Kleingruppen durchgeführt werden. Dies hat den Vorteil, dass zeitgleich mehrere Schüler französisch sprechen. ▪ Denkbar wäre auch, das jeweilige Wort pantomimisch darzustellen oder an die Tafel zu malen bzw. zu skizzieren. Beide Möglichkeiten sind aufgrund der unberücksichtigten kommunikativen Kompetenzen für den Fremdsprachenunterricht weniger geeignet. Nichtsdestotrotz machen sie den Schülern Spaß und können letztlich das Vermittlungsrepertoire erweitern.

Tabou

Lernjahr	ab 2
Thema	Begriffe erklären, ohne bestimmte Wörter zu verwenden
Vorbereitung	Tabukarten
Besonderer Nutzen	Wortschatz wiederholen und festigen, die kommunikativen Kompetenzen Sprechen und Hörverstehen trainieren

Möglicher Ablauf

- Die Schüler werden in Gruppen aufgeteilt (mind. 4–10 Schüler pro Gruppe). Jede Gruppe bildet 2 Teams, die gegeneinander spielen.
- Jede Gruppe erhält einen Stapel Tabukarten. Ein Schüler zieht die oberste Karte und versucht, seinem Team den Begriff zu erklären, ohne Teile des Begriffs oder die darunter aufgelisteten Wörter zu verwenden.
- Ein Spieler des gegnerischen Teams kontrolliert und ein weiterer nimmt die Zeit. Wird ein unerlaubtes Wort verwendet, erhält das gegnerische Team die Karte und es muss ein neuer Begriff erklärt werden. Das gleiche gilt, wenn der Schüler den Begriff nicht erklären kann.
- Nach einer Minute ist das andere Team mit Erklären an der Reihe.
- Die erratenen Karten werden auf einem Stapel des jeweiligen Teams gesammelt. Das Team, welches am Ende die meisten Karten besitzt, gewinnt.

Tipps	▪ Je kleiner die Gruppe ist, umso häufiger kommt der einzelne Schüler mit Erklären an die Reihe. Ein Nachteil ist, dass mehr Tabukarten zur Verfügung gestellt werden müssen. ▪ Mit der Auswahl und der Anzahl der sogenannten Tabuwörter, die beim Erklären nicht verwendet werden dürfen, kann der Schwierigkeitsgrad gesteuert und variiert werden. ▪ Tabukarten können auch von den Schülern selbst erstellt werden (z. B. als vorbereitende Hausaufgabe).
Varianten	▪ Je nach Gruppengröße ist es auch möglich, dass immer 2 Spieler den Begriff erklären. Dies hat den Vorteil, dass mehrere Schüler sprachlich aktiviert werden und sie sich beim Erklären gegenseitig unterstützen bzw. helfen können. ▪ Eine Variante ist *« Tabou à l´envers »*. Ein Schüler der Gruppe liest den anderen nacheinander die Tabu-Wörter einer Karte vor. Der Schüler, der zuerst den (Ober-)Begriff errät, darf die Karte behalten. Nach 5 Karten ist der nächste Schüler mit Vorlesen an der Reihe. Wer am Ende die meisten Karten besitzt, hat gewonnen. ▪ Das Spiel kann noch abwechslungsreicher gestaltet werden, wenn die Begriffe nicht nur erklärt, sondern auch pantomimisch dargestellt oder gezeichnet werden sollen. Dies kann durch kurze Anweisungen auf der Karte *(Explique !, Montre !* oder *Dessine !)* erfolgen oder durch verschiedene Kartenfarben deutlich gemacht werden (z. B. rot: erklären, gelb: zeichnen, grün: pantomimisch darstellen)

Beispiele

déménager une maison un appartement des meubles un carton	**tard** l'heure tôt arriver le soir
un numéro de téléphone un chiffre un portable appeler un nombre	**un escalier** monter un étage une maison une marche
la grand-mère mamie papi les parents les petits-enfants	**la haine** haïr détester l´amour un sentiment
le Louvre un musée Paris un palais la Joconde	**couper** des ciseaux un doigt un couteau un papier

ABC

Lernjahr	ab 2
Thema	Begriffe mit einem bestimmten Anfangsbuchstaben nennen
Vorbereitung	–
Besonderer Nutzen	Wortschatz wiederholen und festigen, alle Schüler aktivieren, Konzentrationsfähigkeit fördern

Möglicher Ablauf

- Die Klasse wird in Gruppen (ca. 5–8 Schüler) aufgeteilt.
- Sie geben einen Oberbegriff bzw. Thema vor, wie z. B. *à la maison*.
- Ein Schüler jeder Gruppe beginnt und nennt einen passenden Begriff mit dem Buchstaben A (+ Artikel), also beispielsweise *une armoire*.
- Der nächste Schüler im Uhrzeigersinn muss anschließend einen passenden Begriff für den Buchstaben B finden etc.
- Fällt einem Schüler kein Begriff für den verlangten Buchstaben ein, so darf ihm ein Mitschüler helfen. Findet die gesamte Gruppe keinen geeigneten Begriff, darf mit dem nächsten Buchstaben weitergemacht werden.

Tipps	▪ Da es schwierig bis fast unmöglich ist, französische Begriffe mit den Buchstaben H, K, Q, W, X, Y und Z zu finden, ist es ratsam, diese Buchstaben auszulassen. ▪ Im Anschluss an den Einstieg könnten die Schüler in Einzel- oder Partnerarbeit eine Geschichte oder einen Dialog schreiben, worin sie die ABC-Begriffe (der Reihe nach) verwenden. ▪ Der Einstieg eignet sich ebenso für landeskundliche Themen (z. B. La Normandie: *Armorique/Astérix, Brest/un Breton, une crêpe/un coquillage/la côte…*).
Varianten	▪ Der Einstieg kann auch als Spiel gestaltet werden. Für jeden passenden Begriff, den ein Schüler nennt, bekommt er einen Punkt. Fällt ihm keiner ein, erhält er einen Minuspunkt. Wer am Ende die meisten Punkte hat, gewinnt. ▪ Die Einstiegsmethode ist auch mit der gesamten Lerngruppe oder in größeren Gruppen durchführbar. Ein Nachteil dabei ist, dass der einzelne Schüler selten an der Reihe ist. ▪ Die Schüler können das ABC mit den entsprechenden Begriffen auch als Einzelarbeit in ihre Hefte notieren, die Ergebnisse anschließend mit dem Sitznachbarn vergleichen und zum Schluss im Plenum präsentieren.

Domino

Lernjahr	ab 1
Thema	finden, was zusammengehört
Vorbereitung	Dominokärtchen
Besonderer Nutzen	grammatische Strukturen wiederholen und festigen, Kombinationsgabe fördern

Möglicher Ablauf

- Die Schüler finden sich zu zweit zusammen.
- Die Dominokärtchen werden gemischt und mit der Schrift nach oben auf dem Tisch verteilt.
- Ein Schüler beginnt und legt ein Kärtchen in die Tischmitte, z. B. *bonne – deux chiens.*
- Der Partner sucht daraufhin das dazugehörige Dominokärtchen heraus, d. h. die Adjektivform, welche zum Substantiv *deux chiens* passt. Während er diese rechts an das Substantiv anlegt, nennt er die Form laut und an der richtigen Stelle (vor oder hinter dem Substantiv), also „*deux* ***petits*** *chiens*".
- Abwechselnd werden nun die passenden Kärtchen aneinandergefügt.
- Sieger ist das Tandem, welches zuerst alle Dominokärtchen richtig angelegt hat.

Tipps	▪ Die Schüler können auch selbst Dominokärtchen erstellen, entweder in Partner- oder Kleingruppenarbeit oder als Hausaufgabe. Es ist empfehlenswert, hierfür vorbereite Kopien mit Blanko-Kärtchen zum Beschriften und Ausschneiden an die Schüler zu verteilen. ▪ Die Einstiegsmethode ist nicht nur für verschiedene Grammatikthemen geeignet, wie z. B. Adjektive, Adverbien, Fragestellung, Pronomen und Zeiten, sondern auch für die Wiederholung und Festigung von Wortschatz. Hier können Wort und Bild aneinandergelegt werden oder alternativ Wort und dazugehöriger Satz.
Varianten	▪ Der Einstieg kann auch in Einzel- oder Kleingruppenarbeit durchgeführt werden.

Material

bonne	*deux chiens*	*petits*	*un garçon*
sympa	*une fille*	*jolie*	*un livre*
français	*des questions*	*difficiles*	*une note*
mauvaise	*un anorak*	*cher*	*une place*
grande	*un chapeau*	*marron*	*une poubelle*
vide	*un ordinateur*	*nouvel*	*des parents*
sportifs	*un jardin*	*beau*	*une journée*
super	*une femme*	*jeune*	*une idée*
intéressante	*un appareil*	*vieil*	*une ambiance*

Jouer aux dés

Lernjahr	ab 1
Thema	Verben mithilfe von Würfeln konjugieren
Vorbereitung	(farbige) Würfel
Besonderer Nutzen	Verbkonjugationen wiederholen und festigen

Möglicher Ablauf

- Die Schüler finden sich zu zweit zusammen.
- Sie verteilen 2 verschiedenfarbige Würfel an jedes Tandem und schreiben die Personalpronomen, die Würfelaugen von 1–6 sowie 6 verschiedene Verben untereinander an die Tafel (s. Material).
- Nachdem die Schüler eine Würfelfarbe für die Personalpronomen bestimmt haben, würfeln sie abwechselnd mit beiden Würfeln. Der Partner muss die entsprechende Verbform nennen.

Tipps	▪ Die Schüler sollten beim Würfeln ein Heft oder Buch unterlegen, da es sonst sehr laut sein kann. ▪ Wenn Sie keine verschiedenfarbigen oder nicht genügend Würfel zur Hand haben, können Sie auch nur einen Würfel an jedes Tandem austeilen. Die Schüler „erwürfeln" das Personalpronomen und anschließend das Verb.
Varianten	▪ Komplexer wird der Einstieg, wenn bei einer ungeraden Augensumme die Formen verneint oder in einem anderen Tempus gebildet werden sollen. ▪ Die Schüler können die Formen auch aufschreiben. ▪ Um den Einstieg anspruchsvoller zu gestalten, können die Schüler auch Sätze bilden oder sogar eine fortlaufende Geschichte konstruieren. Dies erfordert jedoch mehr Zeit.

Material

je	*être*
tu	*avoir*
il/elle/on	*aller*
nous	*vouloir*
vous	*pouvoir*
ils/elles	*savoir*

Spielregel

→ *Personenwürfel*  + *Verbenwürfel*  = *nous savons*

Les questions secrètes

Lernjahr	ab 1
Thema	von der Antwort auf die gestellte Frage schließen
Vorbereitung	–
Besonderer Nutzen	Fragetypen wiederholen und festigen, Hörverstehen schulen

Möglicher Ablauf

- Der Einstieg wird entweder in Gruppen oder mit der gesamten Klasse durchgeführt.
- Ein Schüler flüstert einem Mitschüler eine Frage ins Ohr. Dieser antwortet laut.
- Anhand der Antwort müssen die anderen Mitschüler die gestellte Frage erschließen.
- Der Schüler, der die Frage richtig formuliert hat, stellt entweder selbst einem Mitschüler flüsternd eine Frage oder fordert jemand anderen dazu auf.

Tipps	Entscheidungsfragen, welche nur mit *Oui* oder *Non* beantwortet werden können, sind für diesen Einstieg nicht geeignet. Die Schüler müssen deshalb darauf hingewiesen werden, Ergänzungsfragen (Fragen mit Fragewörtern) zu stellen.

Beispiel

Schüler B antwortet laut: « *A 18 heures, je vais aller au cinéma avec Christine.* »

Eine mögliche Frage, die Schüler A gestellt haben könnte:

- *A quelle heure/quand est-ce que tu vas aller au cinéma avec Christine ?*
- *Où est-ce que tu vas aller avec Christine à 18 heures ?*
- *Avec qui tu vas aller au cinéma à 18 heures?*
- *Qu´est-ce que tu vas faire ce soir/à 18 heures ?*

Le téléphone arabe

Lernjahr	ab 3
Thema	mit stiller Post die indirekte Rede trainieren
Vorbereitung	–
Besonderer Nutzen	Verschiebung der Zeiten in der indirekten Rede wiederholen und festigen, Hörverstehen schulen

Möglicher Ablauf

- Die Schüler bilden (Sitz-)Reihen von ca. 5–10 Schülern.
- Sie geben das Tempus vor, z. B. *le passe composé*.
- Der Schüler, der am Anfang der Reihe sitzt, flüstert seinem Nachbarn einen französischen Satz ins Ohr, z. B.: « *Je suis allé chez ma copine hier soir.* »
- Der Mitschüler sagt diesen Satz leise zu seinem Nebenmann etc.
- Der Schüler, der am Ende der Reihe sitzt, sagt schließlich laut, was er verstanden hat – und zwar in der indirekten Rede. Sein Satz lautet möglicherweise:
  « *Pascal a dit qu´il était allé chez Sandrine hier soir.* »
- Daraufhin sagt der erste Schüler noch einmal laut, was er tatsächlich gesagt hat – ebenfalls in der indirekten Rede:
  « *J´ai dit que j´étais allé chez ma copine hier soir.* »
- Anschließend geben Sie ein neues Tempus vor und ein anderer Schüler ist an der Reihe.

Tipps

- Die Schüler sollten die Regeln zur Verschiebung der Zeiten in der indirekten Rede kennen.
- Betonen Sie die Ernsthaftigkeit des Einstiegs. Die Schüler sollten nicht absichtlich etwas falsch weitergeben.

Si j´avais un million …

Lernjahr	ab 3
Thema	eine *si*-Satz-Kette bilden
Vorbereitung	–
Besonderer Nutzen	*imparfait und conditionnel présent* festigen, den irrealen Bedingungssatz anwenden, produktives und kreatives Sprechen fördern

Möglicher Ablauf

- Sie sagen laut den Anfang eines si-Satzes (z. B.: *Si j´avais un million, …*) und schreiben ihn ggf. an die Tafel.
- Entweder melden sich direkt Schüler, um den Satz zu ergänzen, oder Sie sprechen einen Schüler direkt an:
  « Simon, qu´est-ce que tu ferais si tu avais un million ? »
- Der Schüler vervollständigt den Satz und verwendet dabei das *conditionnel présent.*
- Anschließend verwandelt ein Mitschüler den Konditionalsatz in einen *si*-Satz mit entsprechend offenem Schluss. Auf diese Weise wird die *si*-Satz-Kette fortgesetzt (s. u.).

Tipps	▪ Die Schüler sollten die Bildung des *conditionnel présent* bereits beherrschen. Wenn den Schülern die grammatische Struktur des irrealen Bedingungssatzes noch unbekannt ist, kann eine kurze induktive Erarbeitungsphase eingeschoben werden. ▪ Es ist ratsam, nach 10–15 Sätzen einen neuen Ausgangssatz auszuwählen. ▪ Die Ergänzung der *si*-Sätze muss nicht immer realistisch sein, sondern kann auch ins Humorvolle, Absurde oder Skurrile gehen. ▪ Um deutlich zu machen, wer den nächsten Bedingungssatz bilden soll, kann auch ein kleiner weicher Gegenstand (z. B. ein Softball) von Schüler zu Schüler geworfen werden. ▪ Um einen höheren Sprachumsatz sowie die Beteiligung stillerer Schüler zu erreichen, ist eine Durchführung in Kleingruppen sinnvoll. In diesem Fall sollten für die Gruppen Karten mit entsprechenden *si*-Satzanfängen vorbereitet sein (s. u.). Die sprachliche Kontrolle und Korrektur erfolgt hier in erster Linie durch die Mitschüler. ▪ Die *si*-Satz-Kette kann auf alle Bedingungssatztypen angewandt werden.
Varianten	▪ Der Einstieg ist auch in schriftlicher Form durchführbar. Die Schüler einer Gruppe erstellen gemeinsam eine *si*-Satz-Kette, die anschließend in einer Plenumsphase vorgestellt und korrigiert werden kann.

Beispiele

Sie:	*Si j´avais un million, …*
Schüler 1:	*… je m´achèterais une nouvelle voiture.*
Schüler 2:	*Si je m´achetais une nouvelle voiture,…*
Schüler 3:	*… nous pourrions partir en vacances.*
Schüler 4:	*Si nous pouvions partir en vacances, …*
Schüler 5:	*…*

Mögliche Satzanfänge

- *Si j´avais un million, … / Si je gagnais au Loto, … / Si j´étais riche, …*
- *Si je passais mes vacances à la montagne / au bord de la mer / à Paris / à la maison, …*
- *Si j´avais trois mois de vacances, …*
- *Si nous vivions dans le désert / sur Mars, etc.*
- *Si nous n´avions pas d´électricité / de chauffage central / pas de portables (téléphones), etc.*
- *Si j´étais président / professeur, etc.*
- *Si l´école n´existait pas, …*
- *Si les professeurs étaient élèves, …*
- *Si j´avais des pouvoirs surnaturels, …*
- *Si les animaux pouvaient parler, …*
- *Si les poissons savaient marcher, …*

Changer de peau

Lernjahr	ab 3
Thema	Personen beschreiben und vergleichen
Vorbereitung	Papier und Stifte
Besonderer Nutzen	Steigerung und Vergleich von Adjektiven wiederholen und festigen, Wortschatz zur Personenbeschreibung wiederholen und festigen, alle Schüler sprachlich aktivieren, Hörverstehen trainieren

Möglicher Ablauf

- Jeder Schüler schreibt seinen Namen auf einen Zettel. Die Zettel werden eingesammelt und so ausgeteilt, dass jeder Schüler den Namen eines Mitschülers erhält.
- Die Schüler beschreiben nun nacheinander ihren Mitschüler, indem sie ihn mit anderen Schülern aus der Klasse vergleichen, z. B.:
  Il est plus âgé que Fabian. Il est aussi grand que Louise. Il a les cheveux plus longs que Philipp… etc.
- Die Mitschüler raten, um welchen Schüler es sich handelt.

Tipps	▪ Es ist ratsam, vorab die wichtigsten Ausdrücke zur Personenbeschreibung noch einmal zu wiederholen.
Varianten	▪ In schwächeren oder noch ungeübten Lerngruppen, ist es sinnvoll, dass die Schüler Ihre Beschreibung zunächst verschriftlichen, bevor sie sie vorlesen.

Material

support linguistique : décrire et comparer des personnages

décrire	l´âge	être jeune / âgé,e
	la taille	être grand,e / petit,e
	la silhouette	être mince / fort,e / musclé,e
	les cheveux	avoir les cheveux clairs / foncés, courts / longs
	quelques qualités	être bon,ne / fort,e / mauvais,e en qc, être sportif,-ve / fort,e
	quelques traits de caractère	ambitieux,-se / calme / charmant,e / cool / courageux,-se / curieux,-se / égoïste / extraverti,e / généreux,-se / naïf,-ve / optimiste / ouvert,e / patient,e / paresseux,-se / pessimiste / sérieux,-se / spontané,e / studieux,-se / timide
comparer	+	plus + adj. + que
	+ +	le/la plus + adj.
	-	moins + adj. + que
	- -	le/la moins + adj.
	=	aussi + adj. + que

Des situations extrêmes

Lernjahr	ab 3
Thema	Was würde man in Extremsituationen tun?
Vorbereitung	Extremsituationen
Besonderer Nutzen	*conditionnel présent* wiederholen und festigen, Handlungsmöglichkeiten finden

Möglicher Ablauf

- Sie konfrontieren die Schüler mit einer oder mehreren Extremsituationen (mündlich, Tafel oder Folie/OHP), wie z. B. « *Tu fais une randonnée avec ton copain/ta copine en montagne. Il/Elle se casse la jambe. Le prochain village est à 16 km et vous n´avez pas de réception mobile. Comment réagirais-tu ?* »
- Die Schüler äußern sich spontan, wie sie in einer derartigen Situation reagieren würden. Dabei benutzen sie das *conditionnel présent.*

Tipps	■ Die Schüler können auch selbst Extremsituationen entwerfen (z. B. als vorbereitende Hausaufgabe). ■ Der Einstieg kann als Vorbereitung für eine sich anschließende Diskussion dienlich sein.
Varianten	■ Statt des *conditionnel présent* kann auch das *conditionnel passé* verwendet oder *si*-Sätze formuliert werden. ■ Die Schüler können sich auch in Kleingruppen Handlungsmöglichkeiten überlegen und auf Folie notieren, um sie anschließend dem Plenum zu präsentieren.

Beispiele

- *Après une catastrophe aérienne, ton frère/ta sœur et toi, vous êtes rejetés sur une île déserte. Vous êtes les seuls rescapés.*
- *Tu es en vacances avec ton copain/ta copine. Vous faites un tour à travers la jungle. Vous êtes loin d´un village et vous n´avez pas de réception mobile. Un serpent venimeux lui pique la jambe.*
- *Ton copain/ta copine et toi, vous faites un cours de plongée sous-marine. Après avoir émergé, vous voyez le bateau avec les autres participants s´éloigner. On vous a oubliés. Vous restez seuls dans les eaux profondes de l´océan.*

Le duel quiz

Lernjahr	ab 1
Thema	mehr Fragen richtig beantworten als der Mitschüler
Vorbereitung	Fragen mit 4 Antwortmöglichkeiten
Besonderer Nutzen	alle Schüler aktivieren, Leseverstehen schulen, Vorwissen aktivieren, thematischen Wortschatz wiederholen

Möglicher Ablauf

- Sie erstellen zu einem Thema Fragen mit je 4 Antwortmöglichkeiten und händigen jedem Schüler eine Kopie aus.
- Jeder Schüler muss innerhalb einer bestimmten Zeit (abhängig von der Menge der Fragen), für jede Frage die richtige Antwortmöglichkeit ankreuzen. Er spielt dabei gegen seinen Sitznachbarn.
- Nach der festgelegten Zeit, tauschen die Schüler ihr Arbeitsblatt. Die Ergebnisse werden im Plenum besprochen und jeder Schüler korrigiert die Lösungen seines Partners.

Tipps	▪ Zeitsparender ist es, wenn Sie eine Folie mit den korrekten Antworten auf den OHP legen. Ein Nachteil dabei ist: Sie erhalten keine Rückmeldung über die Schülerergebnisse. ▪ Quizduell eignet sich sowohl zur Wiederholung von bekannten Inhalten als auch für ein unbekanntes Thema, um z. B. Vorwissen abzufragen und Interesse zu wecken. ▪ Der Einstieg ist ebenso geeignet für die Wiederholung und Festigung von Wortschatz (z. B. mit dem Auftrag « *Cherchez l´intrus.* ») oder Grammatikthemen. ▪ Die Methode bietet sich nicht nur für den Einstieg, sondern auch zur Wiederholung am Ende der Stunde oder einer Unterrichtseinheit an sowie für Vertretungsstunden.
Varianten	▪ Die Schüler können das Quiz auch zu Hause vorbereiten. In Partnerarbeit stellen sich die Schüler dann wechselseitig ihre Fragen und Antwortmöglichkeiten vor oder in 3er-Gruppen müssen jeweils 2 Schüler gegeneinander spielen und die Fragen des Mitschülers gleichzeitig beantworten. Wer nach den 3 Durchgängen die meisten Fragen richtig beantwortet hat, hat gewonnen. ▪ Bei umfangreicheren Themen können auch Fragekarten erstellt werden, welche in verschiedene Kategorien eingeteilt werden, wie z. B. *la géographie, l´art & la culture, à table, la faune & la flore, le sport,* etc.

Le quiz de feu

Lernjahr	ab 1
Thema	Fragen mithilfe von Ampelkarten beantworten
Vorbereitung	Fragen mit 4 Antwortmöglichkeiten
Besonderer Nutzen	alle Schüler aktivieren, Leseverstehen schulen, Vorwissen aktivieren, thematischen Wortschatz wiederholen

Möglicher Ablauf

- Sie verteilen an jeden Schüler sogenannte Ampelkarten: eine rote, gelbe und grüne Karte.
- Auf Folie präsentieren Sie den Schülern nacheinander Fragen mit je 3 Antwortmöglichkeiten.
- Die Schüler antworten schnellstmöglich mithilfe ihrer Ampelkarten und halten dabei die entsprechende Farbe hoch: rot (Antwort 1), gelb (Antwort 2), grün (Antwort 3).

Tipps	▪ Die Schüler können sich die Ampelkarten auch selbst anfertigen. Somit sind sie stets einsatzbereit. ▪ Nicht nur Sie, sondern auch die Schüler selbst erhalten eine Rückmeldung darüber, ob sie das Thema bereits ausreichend beherrschen. ▪ Der Einstieg eignet sich sowohl als Wiederholung von bekannten Inhalten als auch für ein noch unbekanntes Thema, um z. B. Vorwissen abzufragen und Interesse zu wecken. ▪ Der Einstieg bietet sich ebenso für die Wiederholung und Festigung von Wortschatz oder einzelner Grammatikthemen an.
Varianten	▪ Die Schüler können auch selbst zu einem vorgegebenen Thema Fragen mit je 3 Antwortmöglichkeiten vorbereiten (z. B. als Hausaufgabe). Zu Beginn der Stunde präsentieren mehrere Schüler eine ihrer Fragen mit den entsprechenden Antwortmöglichkeiten. Da den Mitschülern die Lösungsalternativen nicht schriftlich vorliegen, sollten sie nicht zu lang oder kompliziert formuliert sein. Die Ampelkarten dürfen erst hochgehalten werden, wenn die letzte Antwortmöglichkeit genannt wurde. Bei dieser Variante wird zudem das Hörverstehen geschult.

L´acrostiche

Lernjahr	ab 2
Thema	ein Wort und viele Gedanken
Vorbereitung	–
Besonderer Nutzen	thematischen Wortschatz wiederholen

Möglicher Ablauf

- Sie schreiben das Thema oder den Oberbegriff vertikal in Großbuchstaben an die Tafel.
- Die Schüler suchen nun zu jedem Buchstaben einen passenden Begriff oder Teilsatz, der für sie mit dem Obergriff assoziativ eng verbunden ist. Der Buchstabe kann somit entweder der Anfangsbuchstabe des genannten Begriffs sein oder in ihm enthalten sein.

Tipps	▪ Zur Förderung der mündlichen Ausdrucksfähigkeit können die Schüler höherer Klassen ihre Assoziationen auch begründen.
Varianten	▪ Sie können den Oberbegriff auch waagrecht an die Tafel schreiben. Aufgabe der Schüler ist es nun, Wörter zu finden, die sich mit dem Ausgangswort (oder den später hinzugefügten Wörtern) kreuzen. So genannte *mots croisés* entstehen. Die Schüler können diese auch in Kleingruppen erstellen. Die Variante der *mots croisés* nimmt jedoch deutlich mehr Zeit in Anspruch. Durch die Erstellung dieser Kreuzworträtsel wird neben der Orthographie auch die sprachliche Kombinationsgabe gefördert. Die *mots croisés* können auch als Spiel gestaltet werden. Dazu wird die Lerngruppe in 2 Mannschaften eingeteilt. Die Schüler der Mannschaften schreiben im Wechsel Wörter an die Tafel. Für jedes gekreuzte Wort erhält die Mannschaft einen Punkt. ▪ Das Akrostichon kann ebenso mit einer kreativen Schreibaufgabe verbunden werden (z. B. einem Gedicht).

Beispiele

N ORD DE LA FRANCE
O RNE
R OUEN
M ONT-ST-MICHEL
A LENÇON
N ORMANDE
D EBARQUEMENT DES TROUPES ALLIES
I LES ANGLO-NORMANDES
E VREUX

	B	EAUNE
JAMB	**O**	N
MO	**U**	TARDE DE DIJON
ESCA	**R**	GOTS
BŒUF BOUR	**G**	UIGNON
Y	**O**	NNE
VI	**G**	NOBLES
	N	IEVRE
TRUFF	**E**	

Le flash

Lernjahr	ab 2
Thema	Vorwissen mit neuem Thema verknüpfen
Vorbereitung	–
Besonderer Nutzen	alle Schüler aktivieren, eigene Meinung/Gedanken äußern, Vorwissen aktivieren

Möglicher Ablauf

- Sie geben ein Thema vor, z. B. « *La Provence* ».
- Nach einer kurzen Reflexionszeit äußert jeder Schüler reihum in nur einem Satz, was für ihn selbst am neuen Thema bedeutsam ist, z. B. « *Pour moi, la Provence, c´est les champs de lavande.* »
- Dann ist der nächste Schüler an der Reihe und sagt möglicherweise: « *Pour moi, la Provence, c´est le soleil.* »

Tipps

- Lassen Sie keine Kommentare, Fragen oder sonstige Unterbrechungen seitens der Schüler zu.
- Die Blitzlicht-Methode kann gut in eine andere kooperative Gesprächsform, wie z. B. eine Diskussion, überleiten.
- Ein sinnvolles Hilfsmittel kann der sogenannte „Sprechstein" sein. Der Sprechstein wird reihum weitergegeben. Wer ihn in der Hand hält, darf seinen Satz sagen. Das Weitergeben des Sprechsteins erhöht die Aufmerksamkeit der Schüler. Als Sprechstein eignen sich z. B. Bälle, kleine Kuscheltiere, Mäppchen, Steine, Schlüsselanhänger etc.
- Die Schüler können ihre Aussagen auch auf Karteikarten schreiben. Dies kann bei der Vorstrukturierung eines neuen Themas hilfreich sein.

Les devinettes

Lernjahr	ab 2
Thema	Rätselfragen lösen
Vorbereitung	Rätselfragen (auf Folie oder als Kopie)
Besonderer Nutzen	Leseverstehen schulen, Vorwissen aktivieren, Motivation steigern

Möglicher Ablauf

- Die Schüler werden in Kleingruppen eingeteilt.
- Sie legen eine Folie mit Rätselfragen oder einem Rätseltext auf den OHP oder teilen eine Kopie an jede Gruppe aus.
- Die Schüler müssen nun gemeinsam die Rätselfragen lösen bzw. den Rätseltext entschlüsseln.

Tipps	Der Einstieg eignet sich sowohl als Wiederholung von bekannten oder unbekannten Inhalten als auch für die Festigung von Wortschatz oder Grammatik.
Varianten	Den Schülern macht es Spaß, sich selbst kleine Rätsel zu überlegen (z. B. als Hausaufgabe). Zu Beginn der Stunde können sie ihre Rätselfragen entweder im Plenum oder in der Gruppe präsentieren. Wer die richtige Lösung genannt hat, ist als Nächstes an der Reihe.

Material

Beispiele für « *devinettes* »

- *Quand je sèche, je me mouille.* *(la serviette)*
- *Je porte des lunettes, mais je n'y vois rien.* *(le nez)*
- *J'ai un chapeau, mais pas de visage, un pied, mais pas de souliers.* *(le champignon)*
- *Quand je suis découvert, je n'existe plus.* *(le secret)*

Beispiel für einen Rätseltext

Je suis une province en Amérique du Nord et une ancienne colonie française. Je compte une population de huit millions de personnes et j'ai une superficie de 1.667.441 km². Les températures peuvent atteindre des pointes de 35°C en été et de –40°C durant l'hiver. Ici, il y a des caribous et des ours.

La chanteuse Céline Dion est née ici. Ma langue officielle est le français et ma capitale porte le même nom que moi. *(Le Québec)*

Mon classement personnel

Lernjahr	ab 2
Thema	ein Ranking erstellen und begründen
Vorbereitung	Bilder von Sehenswürdigkeiten (auf Folie)
Besonderer Nutzen	Vorwissen aktivieren, freies Sprechen fördern, eigene Meinung begründen

Möglicher Ablauf

- Sie kopieren mehrere Bilder von Sehenswürdigkeiten (z. B. 4–5 Stück), die zum aktuellen Thema passen/gehören, auf Folie und schneiden die Bilder aus.
- Zu Beginn der Stunde legen Sie die Folienbilder nacheinander auf den OHP. Die Schüler sind dazu aufgefordert, die Sehenswürdigkeiten zunächst zu benennen.
- Im Anschluss sollen sie ein persönliches Ranking der Sehenswürdigkeiten erstellen. Einzelne Schüler kommen nach vorne, ordnen die Bilder am OHP entsprechend an und begründen schließlich ihre Wahl.

Tipps	■ Die präsentierten Sehenswürdigkeiten sollten den Schülern bekannt sein.
Varianten	■ Der Einstieg kann auch in Partner- oder Gruppenarbeit durchgeführt werden. Dafür sollten Sie die Bilder als Kopie austeilen. ■ Die Schüler bereiten z. B. als Hausaufgabe eine Sehenswürdigkeit vor. Zu Beginn der Stunde stellen entweder mehrere Schüler ihre Sehenswürdigkeit der ganzen Klasse vor oder jeder Schüler präsentiert seine Sehenswürdigkeit (mit Bild!) in der Kleingruppe. Der Vorteil ist hier, dass jeder Einzelne sprachlich aktiviert wird. ■ Das persönliche Ranking dient auch als Stundeneinstieg für andere Themen, z. B. zu *les activités, les animaux* etc. In Bezug auf Lektionstexte oder Lektüren kann auch ein Ranking von Personen erstellt werden.